CONEXÕES MISSIONÁRIAS

Encontros que transformam vidas.

Paulo Henrique Azevedo

100% CRISTÃO EDITORA

Publicado Originalmente por 100% Cristão Edições e Produções

**A VERSÃO DA BÍBLIA UTILIZADA NESSA OBRA
É A ALMEIDA REVISTA E CORRIGIDA,
SALVO RESSALVAS DO AUTOR.**

Publicado no Brasil por **100% Cristão Edições e Produções**
http://www.editora100cristao.com.br

Capa e projeto gráfico: Jônatas Jacob
Diretor Executivo: Sinval Filho
Direção Administrativa: Wilson Pereira Jr.
Revisão e tradução: Regina de Oliveira

Edição 1, 2013
Dimensões: 15 cm x 21 cm
Tipografia: Adobe Garamond Pro e Lane Narrow
Papel: Polen Soft 80g/m²
Impresso no Brasil por Impressul.

Dados Internacionais de Catalogação na Publicação (CIP)

Azevedo, Paulo Henrique

Conexões Missionárias: Encontros que transformam vidas / Paulo Henrique Azevedo; São Paulo: Ed. 100% Cristão, 2013.

ISBN 978-85-67002-21-7

1. Espiritualidade 2. Missões. 3. Testemunhos 4. Vida Cristã I.Título

CDD 284.7

PREFÁCIO

Ao ler '*Conexões Missionárias - Encontros que transformam vidas*', pude fazer uma reflexão pessoal sobre a palavra Conexão. Já havia lido *13 anos em 13 dias,* do mesmo autor, e te convido a ler este livro também, pois tem total relação com '*Conexões Missionárias*' e você ampliará o seu conhecimento sobre as várias conexões que o autor menciona.

Este livro não trata somente de missões, e sim sobre vidas. Aliás, tudo o que fazemos está na perspectiva de atender a necessidade do ser humano, seja das pessoas que amamos, ou ainda pela necessidade de relacionamento, trabalho, caridade, auxílio espiritual etc...

E como isso se relaciona com as conexões ? Este ano em particular estou com um ciclo de viagens muito grande, em conexões nos mais diferentes estados e países. As conexões podem ser cansativas ou muito proveitosas, depende da maneira em que você as encara. Eu venho tentando explorar bem todas as novas possibilidades que cada conexão nos proporciona.

Conheço pessoalmente um pouco de cada uma das histórias aqui relatadas, e como as conexões na vida do autor Paulo Henrique Azevedo, chamado carinhosamente de Pastor China, ajudaram a impactar a vida destas e de outras tantas pessoas. E certamente existem muitas pessoas e histórias que, infelizmente, não foi possível relatar em poucas páginas.

Peço que aceite o convite do autor e faça com que as '*Conexões Missionárias*' impactem a sua vida também! Como uma corrente do bem, que você venha a influenciar positivamente a vida de outras pessoas, ao refletir juntamente com o autor sobre os benefícios que este tempo nos traz.

Você pode e deve ser um missionário a cada dia de sua vida, basta aproveitar cada minuto que o Senhor concede a nós neste mundo para falar sobre Sua palavra. A conversão de outros não depende de você e sim do Espírito Santo, a nossa obrigação é tão somente cumprir o IDE e lançar a semente. O restante é com o Senhor.

Wilson Pereira Júnior
Presidente do Grupo 100% Cristão e
ANLE – Associação Nacional das Livrarias Evangélicas

ÍNDICE

CONEXÃO JOHANNESBURGO

"Pois Ele os está levando para uma terra boa, cheia de rios, e ribeirões e fontes que jorram água pelos vales e pelas montanhas."

Deuteronômio 8.7

Introdução

22 DE DEZEMBRO DE 2012

Eu não poderia deixar de escrever ao menos essa introdução antes de chegar ao Brasil. Embora este livro não seja um diário como foi o anterior no qual retratei as maravilhosas experiências que vivi no campo missionário durante treze dias no Senegal; tornou-se impossível para mim iniciar este trabalho sem retornar ao passado, rever fotos e páginas escritas e principalmente reportar-me ao desafio que descrevi na introdução de TREZE ANOS em 13 Dias quando fiz a seguinte oração: "Senhor não permita que tudo o que vivi e aprendi caia no esquecimento." De fato Ele ouviu minha oração! E hoje agradeço ao Senhor porque como diz Sua Palavra Ele é poderoso para fazer tudo muito mais abundante do pedimos ou pensamos. É assim que Ele realiza. (Efésios 3.20)

Inicio hoje, 22 de dezembro de 2012, mais uma jornada. Mas antes de tudo preciso agradecer a Deus com intensidade de coração por me dar o privilégio de servi-lo. Hoje, mais do que nunca, reconheço minha dependência da ação de Deus, somente através da sua graça derramada sobre minha vida é que tenho vivido nesta terra e por sua misericórdia posso ser instrumento em suas mãos. O apóstolo amado João ao final de seus escritos sobre a vida de Jesus (João 21.25) afirma que não haveria livros no mundo que pudessem conter tudo aquilo que Jesus fez. Esse também é o meu sentimento. Como poderíamos contar ou agradecer todos os benefícios que o Senhor nos tem feito? Meu desejo singelo é que o resultado final dessas páginas seja um altar de gratidão ao Senhor Criador do Universo no qual Seu nome seja glorificado e que você querido amigo leitor possa ser abençoado através das experiências compartilhadas nas páginas deste livro.

Após quatro anos de minha primeira viagem missionária ao Senegal me sinto preparado, feliz e convicto de que chegou o momento adequado para compartilhar as experiências vividas nesse período pós-viagem ao Senegal.

Quando eu e a Inês iniciamos os preparativos de nossa segunda viagem missionária ao Senegal, ouvi de algumas pessoas: "espero que escreva outro livro!"; acredito que essa seja a expectativa de alguns leitores que talvez estejam à espera de uma nova viagem e novas emoções. No entanto, desta vez quero propor uma viagem um pouco mais longa, uma viagem de no mínimo quatro anos, que se encerra hoje ou quem sabe se estenderá por mais alguns meses gerando mais capítulos que poderão vir a nascer com os desdobramentos de nossa segunda ida ao Senegal.

É natural que principalmente você que leu 13 Anos em Treze dias esteja ansioso para embarcar novamente no avião com destino a Dakar e desembarcar nesta terra que marcou não somente a minha vida, mas também a vida de muitas outras pessoas; para você que não leu certamente está a curiosidade em saber qual o roteiro proposto nas páginas deste livro. No entanto minha esperança é que todos controlem a ansiedade, e possamos juntos antes fazer algumas conexões de voo em outras terras antes de chegar exatamente ao Senegal.

Ontem, na viagem de retorno do Senegal ao Brasil nos foi necessário fazer uma conexão em Johanesburgo (África do Sul), confesso que meu desejo era voltar direto ao Brasil; os dias anteriores foram trabalhosos e cansativos fisicamente, a saudade dos filhos e a vontade de estarmos de volta em nossa casa (embora tenhamos sido extremamente bem acolhidos todos esses dias em Senegal), são todos fatores que me deixaram até um pouco irritado e mais ansioso para chegar logo em casa. Conexão é um negócio chato! Pensava eu. No entanto, não tivemos escolha e devido aos horários dos voos fomos obrigados a ficar um dia em território Sul Africano. Minha opinião sobre o negócio chato da conexão mudou radicalmente. Se eu pudesse e soubesse teria ficado pelo menos mais alguns dias na África do Sul. Sabe o que mudou minha opinião? As descobertas que fiz em menos de 24 horas, e sabe por que fiz descobertas? Por causa da conexão. Deixe-me contar um pouquinho sobre os efeitos benéficos de nossa conexão. Quando chegamos ao quarto do hotel me deparei com uma linda banheira onde pude relaxar deliciosamente após 8 horas de voo; depois fomos ao restaurante do hotel e degustamos um delicioso e romântico jantar; logo após retornamos ao quarto para o descanso e comecei a pesquisar na internet se eu e a Inês poderíamos conhecer algum ponto turístico no próximo dia, descobri um passeio de trem até um dos maiores shoppings de toda a África (Santdon City Shopping Centre). Foi o programa que fizemos, tivemos horas memoráveis na África do Sul, foram poucas, mas memoráveis. Apreciamos muitos lugares lindos e bem cuidados, compramos alguns presentes com bons preços e o passeio de trem foi muito legal, eu recomendo. Curtimos o hotel, enfim foram poucas horas, porém intensas e prazerosas. A partir de hoje se alguém me perguntar sobre conexão de voo vou dizer: "Se puder, faça conexão, busque informações sobre o local onde vai passar e descubra as possibilidades que aquele local pode te oferecer!".

Esse dia em Johanesburgo tem tudo a ver com nossa viagem. Fique tranquilo, pois no momento certo chegaremos ao Senegal, mas neste voo faremos algumas paradas, vamos conhecer lugares diferentes, terras que para muitos talvez ainda sejam desconhecidas, terras onde você nunca pisou ou nunca planejou pisar. Na verdade no exato momento não consigo mensurar todos os lugares onde faremos conexões, mas algumas conexões como Espanha, Acre, Angola, São Paulo já fazem parte de nosso roteiro. Quantas conexões faremos? Só descobriremos depois. Afinal hoje é o primeiro dia desta caminhada, mas o que posso lhe garantir é que nesse exato momento estou com frio na barriga do tipo que a maioria das pessoas têm quando vão viajar de férias. Já aconteceu com você? É um friozinho que não respeita idade, pega tanto adultos quanto as crianças. Criança em véspera de viagem não dorme, no dia da partida acorda cedinho e fica perguntando "tá na hora, pai?" Para nós que somos pais também não é diferente, a gente prepara tudo para não esquecer nenhum detalhe (mas sempre acabamos esquecendo, pelo menos eu sempre esqueço), procuramos sair mais cedo para não atrasar e chegar na hora certa ao check-in. Enfim, a expectativa de todos é a melhor possível, pois desejamos desfrutar ao máximo cada momento, registrar, tirar fotos. Realmente é uma sensação de ansiedade muito positiva. É assim que consigo descrever meu friozinho na barriga vivido neste momento de aperto, afinal a classe econômica é um aperto mesmo.

Hoje em dia meu desejo de viajar está muito mais presente do que antes. Fico sonhando em conhecer outras partes do Brasil, continente Europeu, e fazer minha viagem dos sonhos a Israel, creio que esse desejo fica mais forte por influência das boas viagens que tenho feito com minha esposa, filhos e amigos. Viajar sempre nos permite não somente desfrutar do prazer de descobrir novos lugares, mas também do incrível crescimento intelectual que obtemos ao nos relacionarmos com outras pessoas de culturas e costumes diferentes. Aliás, creio que mais importante até do que os lugares que podemos conhecer são pessoas que lá encontramos. Talvez seja esse o maior benefício de todos em uma viagem, conhecer pessoas. Ao conhecer novos lugares, certamente descobriremos novas pessoas.

Espero que você também sinta esse friozinho na barriga e esteja ansioso para chegar ao destino final, ou seja, ao Senegal em dezembro de 2012. Porém, antes passando por vários lugares de conexão onde juntos faremos importantes descobertas e nos encontraremos com pessoas, pessoas comuns como eu e você, pessoas que irão compartilhar conosco como as viagens e encontros podem ser significativos e transformadores.

"Encontros" Esse é o sentido que quero dar neste livro quando eu falar de "Conexões", ou seja, conexão = encontro. Por isso não perca nenhuma conexão, pois todas são de extrema importância para chegarmos ao final desta viagem.

É com esse sentimento que te convido a viajar comigo nas páginas deste livro e descobrir o que acontece "Depois dos treze dias...".

16 de Fevereiro de 2013

Já que minha proposta é a de fazermos uma viagem juntos acho importante, hoje, quase dois meses após ter escrito as linhas acima explicar o que aconteceu nesse intervalo de tempo.

Verdade é que no dia 22 de dezembro, dentro do avião, eu não tinha certeza alguma que esse projeto daria certo. Pode acreditar que a ideia sobre as conexões ocorreu naquelas poucas horas em Johannesburgo, mas eu não tinha certeza sobre quais seriam todos os convidados, como faríamos as seções do livro, qual seria a formatação dos depoimentos, enfim, era somente um sonho que poderia ou não se concretizar. Além do mais eu não tinha ideia de como iria financiar o livro e se os convidados iriam aceitar esse desafio. Dá para imaginar quantas incertezas permearam meus pensamentos durante esses dias?

O ano de 2012 foi um ano muito trabalhoso, muitos desafios e questionamentos internos nos âmbitos ministerial, profissional e familiar, além do desafio de pós-graduação em aconselhamento. Mas o fato é que chegamos de viagem e sem nenhum um dia de folga, já voltamos às atividades cotidianas que são inerentes ao ministério pastoral. Nos horários de folga passei a olhar o texto escrito acima e me assustei, pensei: "olha o que você arrumou pra cabeça". A Inês por algumas vezes já declarou a amigos: "Eu falo pro China que ele vive inventando coisas pra fazer". Mas em seguida também aos risos tem dito: "o pior é que ele inventa as loucuras dele e eu sou a primeira a acreditar". Confesso amigos que fiquei apreensivo, como coordenar todo esse projeto? Como explicar que estou escrevendo um livro que nem título tem, e que gostaria de revelar coisas que poderão expor a vida pessoal de algumas pessoas? Será que o pessoal vai topar? Será que haverá aceitação da ideia? Será que não estou "viajando" demais e sendo muito pretensioso? Para dizer a verdade, hoje – 16 de fevereiro – ainda tenho mais incertezas do que respostas, mas se você estiver lendo este trecho é sinal que essa loucura acabou dando certo.

Comecei a avaliar tudo que aconteceu nos últimos quatro anos, o que tínhamos realizado, os encontros, as pessoas, fui fazendo uma lista e cheguei a alguns nomes. O próximo passo foi falar previamente com cada um deles, mas não foi algo fácil, pois tive que falar com os missionários no Senegal, amigos no Acre, e também com o Pastor Pierre que está bem isolado no Norte de Camarões por intermédio do Walter, pois meu inglês não era suficiente para explicar com clareza todo o projeto ao Pastor Pierre por telefone.

No primeiro contato senti que a maioria dos convidados foram solícitos e fiquei mais aliviado, mas não menos apreensivo. Após o primeiro passo escrevi uma carta oficial, convidando-os formalmente e informando sobre o compromisso que teriam que assumir comigo, sem poder oferecer nada em troca, ao contrário, pois eles é que estariam nos oferecendo suas histórias de vida.

Infelizmente um dos convidados não pôde contribuir com seu relato que é fantástico e por questões de ética profissional não poderemos relatar aqui seu depoimento, concordamos que essa conexão deve ficar pelo menos no momento em segredo. Porém, fica aqui meu sincero agradecimento a esse querido irmão e o registro de que Glorificamos a Deus, pois Ele foi extremamente honrado por um servo que se posicionou no tempo e na história para abençoar ao Senegal, não negou sua fé e isto lhe foi imputado por grande honra diante dos homens, certamente também o será diante de Deus. Como vale a pena servir ao Senhor!

O último ato desse período de conversas e convites formais era receber o depoimento escrito de cada um. Peço a você, querido leitor, que compreenda a relevância deste ato, pois se trata de pessoas comuns como eu e você, que aceitaram o desafio de escrever cada um de maneira pessoal sobre uma parte da história de suas vidas. Esse último ato conclui-se hoje, após quase dois meses de ansiedade chegamos a esse dia. Fiz questão de não ler nenhum depoimento antes de ter todos em mãos. Queria ter a expectativa da surpresa e somente desvendar aquilo que está escrito quando tudo estivesse em minhas mãos.

Há algumas horas enviei um e-mail a todos os personagens da vida real que farão parte de nossas conexões durante nossa viagem. Eu disse a eles que estava muito emocionado por ler histórias simples, mas tão significantes e profundas para minha existência. Agradeci-lhes pela confiança e contei-lhes que as histórias sendo escritas por pessoas diferentes, vivendo em países e estados diferentes estão interligadas. "É Algo lindo!" Foi o que eu lhes disse.

Quero que ao ler esse livro você se sinta como estou me sentindo agora, espero que enxergue pessoas nessas conexões, veja a simplicidade de alguns, a eloquência de outros e as visões de mundo de cada um deles. Meu compromisso com eles foi o de manter os textos de seus depoimentos o mais próximo do original e o mais completo possível mantendo a fidelidade daquilo que escreveram. Minha preocupação não está em atender a uma linha teológica específica, mesmo porque não se trata de um livro baseado em teologia e sim um livro de relatos. Creio que ao ler cada relato ficará fácil perceber as diferentes formas de expressão de meus amigos. Alguns usaram de expressões tipicamente do universo pentecostal, outros mantiveram linguagem mais conservadora, etc. Teremos o privilégio de contar com essa diversidade de escritas. Acho muito importante preservar a particularidade de cada pessoa no que diz respeito não somente ao conteúdo, mas também com relação à forma. Minha intenção é que você veja o que está por traz de cada depoimento. Que você enxergue o que há de belo e verdadeiro e que isso possa também ser transformador em sua vida. Que você veja as pessoas que estão por traz das palavras por elas escritas.

FAZENDO O CHECK-IN

"O ser humano é como um sopro; a sua vida é como a sombra que passa."
Salmos 144.4

"Faze com que saibamos como são poucos os dias da nossa vida para que tenhamos um coração sábio."
Salmos 90.12

Ampliando conceitos

Bom, estamos prestes a embarcar. No capítulo anterior falei sobre as conexões, disse que nesta viagem veremos conexões como sinônimo de encontros. Agora na fila do *check-in* vou ampliar outro conceito. É muito importante que você entenda esse conceito, pois se fizer sentido para você certamente nossa viagem será muito mais proveitosa. Estou falando do conceito de viagem, quero que você pense e compare sua vida a uma viagem.

"A vida é uma viagem!", diz John Maxwell. Para mim isto faz todo sentido. A vida é uma viagem e nesta viagem fabulosa todos nós temos um mesmo destino final: a passagem para a eternidade! Puxa! Falar sobre a eternidade parece não ser um assunto dos mais agradáveis para se conversar prestes a embarcar em uma viagem que promete ser boa, mas se olharmos por outro prisma é um assunto fascinante.

Um dia todos nós faremos a viagem para a eternidade, se o destino for para o Reino de Deus o voucher é fornecido gratuitamente. No dia da viagem também faremos um *check-in* e nosso passaporte será conferido, este tipo de passaporte é exclusivo para os filhos de Deus; todos aqueles que descobriram seu real propósito de vida e o significado de suas existências. Esses viajantes serão aqueles que tiveram um encontro com Cristo, não o Jesus apresentado pela religião, mas o Cristo, o filho de Deus que morreu, ressuscitou e pagou o preço de nossa passagem para o Reino de Deus, nos dando o título de filhos de Deus. Esse destino final os levará a uma nova e espetacular viagem pela eternidade. Esse é o principal encontro que toda pessoa precisa ter, o encontro com Jesus O Cristo. Você está preparado para esta viagem? Já tem *voucher* e passaporte em mãos?

Mas, voltando à viagem da vida, verdade é que entre conexões, escalas, idas e vindas nós transformamos e somos transformados e nisto está à riqueza e beleza de nossa existência, não exclusivamente nos momentos prazerosos, mas também em tempos difíceis. Nesse sentido os bons encontros nos proporcionam o benefício de compartilharmos com amigos tanto as alegrias quanto às frustrações que a vida nos oferece. Em um desses momentos de dor, quando havíamos perdido um grande amigo Itamar dos Santos numa morte trágica (mas ele tinha em mãos passaporte e *voucher* de viagem) meu amigo Claudio Neri, cantor e compositor, escreveu uma bela canção que nos leva a profunda reflexão sobre a viagem de nossa vida:

O Tempo e o Vento (Claudio Neri)
A vida é como uma brisa, como o vento que passa... A brisa que passa...
É como um livro aberto em que as páginas são os nossos dias
Nelas escrevemos sobre tudo aquilo que vivemos
Páginas em branco, só servem pra dizer que você não viveu.
E que uma chance perdeu, de fazer o bem...
Salvar a vida de alguém
Até breve amigo, sei que um dia a gente se encontra.
Até breve amigo, sei que um dia a gente se encontra.
Pra falar de coisas de outro mundo
Coisas que nem o tempo e nem o vento são capazes de apagar
Amigo você foi como o vento que vem e sopra os cabelos
Você foi como a brisa de verão
Que vem, refresca e logo se dispersa.
Nunca serás esquecido
Até breve amigo (Jesus), sei que um dia a gente se encontra.
Até breve amigo (Jesus), sei que um dia a gente se encontra.
Pra falar de coisas de outro mundo
Coisas que nem o tempo e nem o vento são capazes de apagar.

Assim é a vida, uma viagem curta para alguns, para outros mais longa, todavia, independente de nosso tempo de existência na terra, nossa vida será escrita pelos encontros, pelas conexões que fizemos, por isso é tão linda e valiosa, porque o que é belo na vida é e sempre será construído através de relacionamentos, e os resultados desses encontros serão levados conosco à eternidade, coisa que dinheiro e bens materiais não poderão fazer.

Após a decolagem de nosso avião, faremos conexões com personagens da vida real que estão dando sentido para este livro, aproveito este momento para agradecer a cada um deles que se dispôs a compartilhar sobre as viagens e conexões de suas vidas, tecnicamente são coautores desta obra, mas na prática são os autores fato. Meu esforço aqui se dá para ser um facilitador da publicação de suas histórias de vida. Sem seus depoimentos não seria possível escrever este livro. Aqui já podemos tirar algumas lições. A primeira delas é que histórias de valor são construídas através do compartilhamento. Em nossa viagem da vida, as pessoas sempre serão o alvo principal. Em segundo é que não devemos menosprezar nossa capacidade de influenciar positivamente a vida de alguém, tenho certeza que estes meus amigos, personagens da vida real, nunca poderiam ter imaginado que participariam de um livro como este (na verdade nem eu imaginava isso), mas nossas conexões nos influenciaram mutuamente e a muitos outros, então fique atento, pois durante esta viagem certamente você será requerido a fazer outras conexões. Conexões em sua vida pessoal que poderão trazer impacto transformador pra você.

Vou terminar este capítulo homenageando a muitos outros amigos próximos e distantes (geograficamente) que não são citados nestas páginas. Meus amigos que aqui são anônimos, mas que são amigos mais chegados que irmãos, amigos que fazem parte de minhas conexões, nos ajudando financeiramente para a realização de nossas viagens, aqueles que oram sinceramente e nos apoiam, amigos dos tempos de risadas e dos dias de dor, amigos que reconhecem nossas virtudes e suportam nossas falhas. A vocês meu muito obrigado por existirem! Espero que ao lerem as histórias de nossos personagens da vida real possam se identificar com elas e terem a alegria de saber que de maneira direta ou indireta vocês também são coautores deste livro. Deus os abençoe!

SOBRE O CÉU DO ATLÂNTICO

SOBRE O CÉU DO ATLÂNTICO

RODOVIA PRÓXIMA AO AEROPORTO DE JOHANNESBURG

CONEXÃO ESPANHA

"Naquela noite Paulo teve uma visão. Ele viu um homem da província da Macedônia, que estava de pé e lhe pedia: 'venha para Macedônia e nos ajude!'"
ATOS 16.9

Passando à Macedônia

Deixei o Senegal cheio de sonhos e desafios, foi isso que descrevi nas páginas finais de meu diário. Meu coração estava ardendo por aquele país, por aquelas crianças. Também percebi quantas dificuldades envolvem a vida emocional dos missionários e isso também foi um fator que me chamou muito atenção. No entanto, embora tenha tido oportunidade de orar com alguns missionários e ouvir sobre suas dificuldades, meu foco principal estava nos projetos lá desenvolvidos e como eu poderia fomentar a captação de recursos aqui no Brasil.

Imagine quantas informações que eu trazia comigo. Na verdade o que relatei em meu diário foi apenas uma parte do que eu tinha aprendido. Com tudo isso eu olhava para minha conexão em Madrid mais como um ponto de descanso e de momentos de comunhão que teríamos com nossos amigos e missionários Selmo e Fátima. Além disso, tinha um grande desafio nos dias subsequentes quando retornasse ao Brasil. Era o meu último semestre na faculdade de psicologia, por causa da viagem me ausentei praticamente por três semanas, isso foi um grande transtorno. Estava sob a ameaça de ser reprovado em algumas matérias, o que ocasionaria a não conclusão do curso. Sai do Brasil com o risco de perder a validação dos estágios feitos no último semestre e alguns professores foram claros em dizer que não aceitavam a ideia de minha ausência na reta final. Sendo assim naturalmente estava focado em descansar bem em Madrid para voltar com todo o gás e vencer essa última fase da faculdade.

Saída de Dakar, conexão em Madrid, "ufa agora vou descansar!" Que engano!!!! Os três dias de descanso e refrigério a fim de repor as energias tornaram-se três dias de muita tensão. Mal eu sabia o quanto trabalharíamos naqueles dias. Não estou fazendo este comentário com foco no trabalho, mas na importância daquele momento para minha vida e para as vidas de Selmo e Fátima.

Chegamos por volta das 05 horas da manhã em Madrid e foi muito bom sermos recebidos pelo pastor Douglas e pelo Selmo no aeroporto. Viajamos quase três horas de carro e chegamos ao apartamento de Selmo e Fátima onde fomos recepcionados com um excelente café da manhã. Mas em poucas horas "pegamos algo no ar", percebi que o clima estava tenso, a alegria que é normal em um encontro de amigos que não se veem há tempos estava ofuscada e logo descobrimos por que. Nossos amigos estavam no limite, precisavam desabafar. Não é nada fácil pra nenhum de nós contarmos às pessoas que algo não está bem. Mas no que diz respeito a alguém que se dispõe a fazer a obra do Senhor como missionário é algo muito mais complicado, acredite. As sensações de fracasso, dúvida, tristeza e vergonha que normalmente nos atingem quando nossos projetos não andam como esperávamos podem tomar proporções muito maiores para quem está no campo missionário. Afinal como aceitar que alguém que está levando algo da parte de Deus a outras pessoas possa estar em crise? "O que poderão pensar de mim?" – "Como ficará a expectativa das pessoas que contribuem com meu sustento?" – "Será que eu deveria mesmo estar aqui?" – "O que fiz de errado?" São perguntas que geralmente atormentam um missionário em momentos de crise.

O fato é que chegamos em um momento de crise. Foram horas e horas de conversa e eles puderam abrir seus corações para mim e para Inês. Confesso que não estava preparado para receber toda aquela carga de informações, mas ao mesmo tempo em que ouvíamos pedíamos ao Espírito Santo que nos ajudasse com Sua graça para que pudéssemos ser úteis. Lembro-me do Selmo dizendo que não dormia e não comia a dias, que estava pronto para retornar ao Brasil e abandonar tudo na Espanha. A Fátima, na cozinha, balançava a cabeça e dizia: "eu não sei o que falar", nossa chegada se deu em um momento de grande dificuldade na vida desses irmãos, vejamos o relato de Selmo sobre um pouco de sua vida e sobre nosso encontro em Salamanca:

Relato de Selmo e Fátima

POR FAVOR, PASSEM PELA MACEDÔNIA!

No ano de 2007, um ano após minha conversão, tive uma experiência maravilhosa com Deus. Quando somos novos convertidos, temos fé para tudo, queremos compartilhar o que Jesus Cristo faz. Evangelizar o mundo inteiro, (quão bom seria se todos os dias fôssemos novos convertidos), todas as vezes que me colocava a orar ouvia a voz do Senhor me dizendo que nos próximos anos eu não ficaria no Brasil.

Missões: (VAI). Era a palavra do Senhor na minha vida. Mas, por que missões? Porque missões está no coração de Deus, isso é o que o evangelho significa pra mim. Mas para onde ir? "Espanha", disse o Senhor. Mas, por que Espanha? Perguntava-me!

Deus já tinha tudo preparado, essa era a vontade Dele, que fôssemos à Espanha.

Em cada situação Deus já havia estabelecido a provisão. Estava tudo pronto. Suspiro dentro de mim: "Deus, estamos indo. E agora?"

Madrid, 04 de dezembro de 2007, 5°C, um frio de congelar os ossos da face, muito cansado devido à longa viagem de 10 horas e mais três pela frente até chegar a Salamanca. (detalhe, viajamos sem o visto, pois o consulado ainda não havia liberado nossa entrada).

Quando chegamos a Salamanca o amor foi à primeira vista, a certeza de que ali deveríamos estar. Tudo novo, sem família, amigos, igreja, só com a cara, esposa, coragem e um casal de conhecidos. "Jesus no barco pode vir tempestade, tudo vai bem", pensava eu.

Um mês depois recebemos uma ligação do consulado, lá fomos nós retornar ao Brasil para retirada e carimbo do visto no passaporte. Votamos à Espanha novamente, com mais vigor para começar a realizar os trabalhos. Ops!!! Antes de começar precisávamos avançar em algumas áreas como: aprender o idioma do país, conhecer a cultura e historia da cidade. Foi o que fizemos.

Mas no decorrer dos meses aquilo que deixava orgulhoso, afinal eu pensava comigo: "Eu estou na Espanha! Olha isso! Nem Paulo, autor de varias cartas escritas, três viagens missionárias, um currículo de dar inveja a qualquer um, conseguiu ir à Espanha.".

Já havia passado nove meses que estávamos em Salamanca, as coisas não caminhavam bem. Eu estava num estado bem depressivo, desanimado, queria a todo custo voltar para o Brasil, pois as dificuldades tomaram conta de mim, (dificuldades essas que não eram financeiras, mas sim espirituais), não queria mais estar ali. Deus por que me trouxe aqui? Por que não consigo orar? Já há alguns meses sem dormir. Tive dificuldades em estudar, meus questionamentos começaram aflorar, não saia de casa pra nada. No inverno os dias são cinzas, às vezes passam meses com o céu cinza, era assim que eu estava, pois não queria estar com ninguém. De amor à primeira vista, tudo se tornou tão estranho pra mim, já duvidava do que Deus me falava nas orações, a cidade tinha muitos bares, e o medo de sair pra evangelizar era grande, pois já havia vivido aquela situação, tinha medo de voltar para aquela vida, vida de baladas, bares, bebidas, etc... Essa era minha bagagem, muito diferente da de Paulo, não? Ao meu lado minha digníssima e amada esposa tentando de todas as maneiras me animar, buscando amigos, tentando fazer amizades. Mas eu queria mesmo era fugir, me esconder. Nessa fase eu já estava totalmente frio, nem passei ao estado de mornidão pra não ser vomitado.

A cidade de Salamanca é maravilhosa, vivi todos os momentos bons ali, não tinha nenhum motivo para querer sair. Mas algo dentro de mim não estava indo bem.

Sempre fui muito sonhador, (um personagem com o qual me identifico muito é José), assim como José eu não tinha medo de sonhar, tinha grandes projetos, mas ainda era muito imaturo, sem experiência, por mais que eu tenha lido vários livros a respeito de missões não era o suficiente pro meu currículo, 23 anos, ainda muito jovem na fé, e só a vontade de servir não quer dizer que você está apto para isso, e Deus mesmo sabendo que não somos aptos para realizar qualquer tarefa, Ele nos coloca na situação para aprendermos.

Era natural minha frustração? Sim! Mas tinha que aprender a vencê-la, eu estava tão magoado que já não queria ficar. Tinha que amadurecer.

Orar já não era mais prazeroso, não ouvia a voz do Altíssimo Deus.

Mas surgiu uma esperança, quando tivemos a noticia que nossos amigos Pr China e Inês iriam para o Senegal. Ai comecei a orar novamente, pedindo a Deus para que eles passassem pela Macedônia, (Espanha), pois era minha chance de voltar ao Brasil. Era tão fervorosa minha oração de pedido de socorro que eles conseguiram um espaço no calendário. Já estava mais aliviado, pois Jesus Cristo ouviu meu grito de socorro.

"Hora de começar a arrumar a malas" (pensava eu), que alivio voltar pra junto da família, amigos, igreja. Agora sim tenho certeza que Deus me ouve, é hora de voltar, só alegria, certo? Errado! Pois a caminhada só estava começando. Nossos amigos já estavam conosco, durante o dia saiamos para apresentar a cidade a eles, e durante a noite conversávamos, podemos desabafar, comemos uma pizza caseira, tinha uma expectativa muito grande em mim, pois o período deles conosco era apertado, ficariam três dias.

Ao final das noites de conversas eu sempre queria ouvir: "legal Selmo, Fátima, com tudo isso que compartilhamos as frustrações de vocês, as lutas, noites sem sono, podem comprar as passagens e voltar". Mas a palavra para nós era FICAR, permanecer, ÁGUA FRESCA, e a base bíblica para isso estava escrita no livro de Ester 4.14b, **"e quem sabe se para tal tempo como este é que chegaram a esse reino." (Espanha)**. Cada palavra foi direcionada por Deus, os conselhos, as broncas, não desistam, resistam, pois Deus fará algo sobrenatural.

Creio que aqui foi onde começou o projeto Água Fresca, mesmo que esse nome tenha surgido só quatros anos depois.

Queremos que Deus faça as coisas do nosso jeito, porém nos esquecemos de que Ele é quem decide como irá realizar. Provérbios 16:1, (O coração do homem pode fazer muitos planos, mas é do Senhor que vem a resposta).

Deus queria que esse encontro acontecesse porque o propósito Dele é que nunca desistamos dos sonhos, pois eles vêm do Senhor e são gerados dentro de nós para um objetivo de fazer conhecido o nome de Cristo e honrar o seu nome, não porque somos crentes, mas pela esperança que o mundo tanto deseja que está Nele. Eles iriam voltar para o Brasil, mas nós teríamos que continuar, vidas precisavam do nosso testemunho.

O sentido de nossa vida está em Jesus Cristo. Posso contar muitas coisas que Deus fez em minha vida. Depois desse encontro ficou mais gostoso seguir viagem, a viagem de permanecer em Salamanca como missionários, Deus renovara nosso ânimo. É através de encontros como esse que historias de pessoas foram mudadas. Para que tudo isso pudesse acontecer havia uma Igreja, (IEJA), dando todo suporte, principalmente o suporte Espiritual, sem esse suporte não íamos resistir até o fim. Depois vieram os frutos, pessoas que discipulamos através do esporte, jantares etc...

Tenho um carinho muito especial pela família Azevedo, pois me acompanham desde o começo de minha caminha com Cristo. Sempre me incentivaram a nunca desistir, mesmo quando passamos por momentos difíceis.

Deus sempre gera grandes expectativas em nós, confesso que escrever o primeiro capítulo desse livro foi um desafio, lembrar-me de acontecimentos de quatro anos atrás não é nada fácil e quando nos colocamos a disposição do Espírito Santo, Ele nos traz a memória todos os fatos e isso é uma experiência sobrenatural, não tem preço, não dá pra explicar, me faltam palavras para descrever.

A letra da música (traduzida abaixo para o português) de Marcela Gandara resume tudo o que Fátima e Eu vivenciamos nos dois anos que ficamos na Espanha.

Uma Longa Viagem (Marcela Gandara)
Foi longa a viagem, mas ao final chegamos.
A luz nos chegou aos olhos ainda que tivessem dúvidas.
Foram muitos vales de insegurança os que cruzamos.
Foram muitos dias de dúvidas, mas ao final entendemos.
Que para àquela hora e lugar havíamos chegado, para aquele tempo tínhamos nascido, e em seus propósitos eternos nos víamos. Ainda que tenha demorado entender.
Nunca imaginamos que dentro dos seus planos e de seu amor nos encontrávamos.
Muita das vezes a timidez nos impediu.
Mas ao final chegamos.
(Traduzido por Selmo).

Após ler o relato do Selmo fiquei imaginando como poderia ser desastroso o final desta história. Na verdade hoje, passados quatro anos, eles estão vivendo no Brasil, estão trabalhando, tiveram uma linda e "elétrica" filhinha chamada Hadassa (nome pelo qual Ester era conhecida) e cumpriram o papel para o qual se dispuseram a fazer na Espanha. No próximo capítulo você verá como Deus usou a vida deles para a salvação de outras pessoas. Mas o que levo como lição é que não podemos enquadrar dentro de nossas limitações as perspectivas que Deus tem sobre nossas vidas. Eu saí do Senegal enxergando somente o Senegal, mas Deus queria me mostrar que o mundo é muito maior do que o Senegal. Nós vemos as partes, Ele vê o todo. Nós focamos no destino, Ele se preocupa com todo o percurso, Ele pensa nas conexões.

Sei que o Senhor já vem trabalhando há anos para que eu possa ampliar minha cosmovisão, sei que o Espírito Santo tem feito um trabalho duro comigo, pois minha tendência por muitas vezes foi exatamente a de focar no destino e não perceber a beleza e importância de todo o trajeto. Essa primeira conexão após o Senegal me levou ao exercício de pensar de maneira mais ampla. A recomendação bíblica de focarmos em nosso alvo que é Cristo, sem olhar para direita, esquerda ou para trás, precisa ser interpretada da maneira correta; precisamos seguir o exemplo de Cristo que estava atento às conexões que estiveram em meio a sua trajetória de vida. É impossível para mim não ser remetido a uma passagem que tanto preguei nos últimos anos, sobre a "conexão no Aeroporto Internacional de Samaria" de Jesus com a mulher samaritana. Jesus desviou seu caminho para passar propositadamente por uma terra onde havia declarada intolerância étnica, pediu água a uma mulher samaritana que estava vivendo seu sexto relacionamento conjugal. Sinceramente o que poderíamos esperar deste encontro? A conexão de Jesus com aquela mulher transformou-lhe a vida, transformou a vida de muitas outras pessoas em sua cidade e ainda continua nos ensinando hoje. Um encontro que parecia ser casual e insignificante tornou-se o texto mais conhecido da Bíblia sobre que tipo de pessoa Deus procura para adorá-lo. Jesus deu uma aula particular sobre quem são os verdadeiros adoradores.

A conexão Espanha foi o primeiro sinal de que não há limites para os pensamentos do Senhor, cabe a nós ficarmos com nosso radar ligado e captarmos aquilo que Deus está querendo fazer. Onde você se encontra nesse momento? Qual é o lugar? Que pessoas estão ao seu redor no percurso de sua vida? Jesus passou por Samaria, Paulo passou à Macedônia e você por onde vai passar?

"Não deixem de receber bem aqueles que vêm à casa de vocês;
pois alguns que foram hospitaleiros receberam anjos, sem saber."
Hebreus 13.2

Jantar na hora certa

Ainda restavam algumas horas de conexão em Espanha. Após muitas horas de conversas, choro, compartilhamento e oração nossa conexão estava chegando ao fim. Depois de muito tempo o Selmo dormiu bem por uma noite inteira, todos nós estávamos mais aliviados. No domingo pela manhã o Pastor Douglas gentilmente me convidou para pregar em sua Igreja El Refúgio, foi um culto de Ceia, um momento muito especial onde estivemos em comunhão e conhecemos o trabalho desbravador na Cidade de Salamanca.

Chegamos à última tarde de nossa conexão, estávamos muito cansados e a esperança era repousar, pois teríamos que levantar às 5 horas da manhã, viajar de carro de Salamanca a Madrid por três horas para pegarmos o voo de volta ao Brasil.

No entanto, mais um compromisso foi agendado. O casal Hilário e Tatiane, amigos de Selmo e Fátima, nos convidou para um jantar em sua residência.

O jantar foi excelente, eles pessoas muito hospitaleiras, a comida maravilhosa. Conversamos sobre vários assuntos, porém eles demonstraram muito interesse em conhecer o trabalho e ver as fotos do Senegal. Foram pouco mais de 3 horas muito agradáveis. Ao final nos despedimos agradecendo a carinhosa recepção e voltamos para o apartamento de Selmo e Fátima mais de meia noite, no próximo dia bem cedo retornamos ao Brasil.

Mas como um encontro de três horas pode ter afetado nossas vidas? Explicar como exatamente eu não consigo, mas o que posso dizer é que esse foi um dos encontros mais extraordinários de nossas vidas, não por aquele momento em si, mas pelos desdobramentos que aquele momento "despretensioso" nos proporcionaria. Naquele dia nada de extraordinário aconteceu. Mas ao ler o relato de Hilário Junior e Tatiane você perceberá como essa conexão foi maravilhosa:

Relato de Hilário e Tatiane

> Vivemos uma situação de gravidez não planejada pouco tempo depois do início do namoro (menos de um ano) que culminou num "casamento" involuntário, porém necessário para que hoje possamos com toda certeza afirmar que Deus sempre teve, tem e terá planos especiais para as nossas vidas.
>
> De fato, foi uma situação complicada que gerou muita dor e sofrimento em razão dos conflitos, discussões e outros efeitos colaterais decorrentes de uma união de corpos e de espírito não forçada, mas desprovida inicialmente de todos os requisitos ordinários, como por exemplo, namoro regular com certa duração, aceitação de familiares, planejamento de vida, estabilidade financeira e profissional, que deveria mediar e lastrear a tomada de uma decisão séria, consensual e eterna de toda uma vida a dois.
>
> Em um momento crucial de nossa relação conjugal, cerca de um ano e meio após o nascimento da nossa filha Giulia (abril de 2005), surge a possibilidade de o Júnior viajar à Salamanca/Espanha a fim de concluir o tão sonhado doutorado em Direito.
>
> O nosso plano inicial era ele ir sozinho e eu, Tatiane, ficaria com a Giulia e somente quando ele voltasse (em aproximadamente oito meses, segundo os planos iniciais) resolveríamos em definitivo nossa situação matrimonial que, naquele período era muito ruim em razão, sobretudo, da nossa imaturidade e da nossa autossuficiência profissional da qual florescia uma independência mútua de planos e ideais de vida. Caminhávamos, deveras, a passos largos, para incrementarmos os números e as estatísticas da teoria secular do "não deu certo, separa" aplicada aos relacionamentos descompromissados do nosso tempo.

Não sei como e em que momento os planos mudaram e eu deparei-me com a decisão de acompanhá-lo ou não na sua viagem e estância na Espanha. Imatura na fé, mas convicta da importância e do poder de Deus na minha vida, entreguei-me em Suas mãos pedindo-Lhe que se fora o Seu desejo, que tudo acontecesse sem nenhuma intervenção minha, porque eu pessoalmente não queria ir, mas estava disposta a fazer a Sua vontade. E assim foi feito: logo chegávamos à Salamanca, cidade linda, mas fria (em todos os sentidos, inclusive nas relações interpessoais).

A necessidade de nos relacionar com outras pessoas nos levou a frequentarmos um grupo de oração em casas de outros estudantes e amigos brasileiros, e em seguida, em cultos na igreja "El Refugio" — que depois passou a denominar-se "International Christian Fellowship – ICF Salamanca" — cujo comando estava o Pastor Douglas Freitas, brasileiro cujo ministério era apoiado pela IEJA – Igreja Evangélica Jardim de Abril, de Osasco/SP.

O nosso primeiro encontro com os pastores Paulo Henrique Azevedo (Pastor China) e Inês Meneguelli ocorreu no final do ano de 2008 quando eles, aproveitando a sua primeira viagem ao Senegal, e antes de retornar ao Brasil, passaram na Espanha para visitar os missionários da Igreja Evangélica Jardim de Abril, Selmo e Fátima, amigos do nosso convívio pessoal.

Em virtude da visita meteórica que os pastores China e Inês fariam à Salamanca (apenas 3 dias), propusemos aos amigos Selmo e Fátima a recebê-los, de última hora, em nossa residência, porque um jantar que estava previamente programado não poderia acontecer.

Não havia maiores propósitos naquele singelo jantar senão conhecermos os tão festejados líderes espirituais dos nossos amigos, e que aproveitaríamos a ocasião para conversarmos um pouco mais a respeito do projeto dos surdos do Senegal e, sobretudo, para apreciarmos o rico acervo fotográfico colhido de tal viagem à África, algo que incitava a nossa curiosidade acerca de um tema que até então não tínhamos a mais mínima noção da sua real importância para o fortalecimento e integração do Reino do Senhor: a realização de missões. A partir daquele jantar, pela graça de Deus, iniciamos uma amizade que mais tarde seria decisiva para aprumarmos nossas vidas.

Quando passamos a frequentar a Igreja "El Refugio" fomos no intuito não pouco interesseiro de fazer amigos a fim de ampliar o nosso círculo de amizade e tornar a vida longe do Brasil (e, sobretudo, da nossa "Terra Prometida", o Estado do Acre) mais fácil e menos saudosa. No início, entramos irresignavelmente católicos, mas abertos (apenas temporariamente) a conviver e a buscar entender as rotinas e as regências do templo e do universo evangélico a que nos predispomos momentânea e despretensiosamente a frequentar.

Passadas as desconfianças iniciais, sentimo-nos calorosamente acolhidos naquela casa de Deus e a amizade com os missionários Selmo e Fátima logo aflorou e se estreitou, para a vida eterna. De ocasionais amigos nos tornamos irmãos em Cristo com laços relacionais que nem mesmo a distância entre São Paulo e Rio Branco (± 3500 km) é capaz de desnaturar.

Selmo e Fátima, na sua simplicidade, dias após dia, a conta gotas, de encontro em encontro, de reunião em reunião, passaram a incutir paulatinamente — sem agressões intromissivas e não autorizadas — em nossas mentes resistentes o amor, a grandiosidade e a benevolência de Deus para conosco e a necessidade de todos (sem exceção) disseminarmos a sua palavra e o seu evangelho não só com discursos, mas também com exemplos de retidão e obediência aos propósitos do Criador transcritos na sagrada escritura: a Bíblia.

A cumplicidade adquirida ao longo do tempo com outros membros da Igreja "El Refugio", inclusive com o próprio Pastor Douglas e sua família, por conta das atividades e dos passeios desbravadores das infinitas possibilidades do contexto europeu, permitiu-nos imergir sem dor, sem pressa, sem pressão, sem o radicalismo e, principalmente, sem a cortina de intolerância que até a nossa chegada à cidade dourada/pequena Roma (Salamanca) — em razão da nossa ignorância e do abismo que até então percebíamos haver em nosso contexto social e familiar entre o catolicismo e o protestantismo— nos separavam do mundo evangélico e da verdadeira vida cristã.

Iniciado o nosso processo de conversão passamos a internalizar e a querer buscar, com toda a intensidade do 1º amor à Cristo, entender e a obedecer à palavra de Deus adotando um novo estilo de vida não mais lastreado em projetos pessoais e materiais egocêntricos, mas sim no propósito incansável de harmonizar a nossa vida terrena (carnal, pecaminosa, efêmera, egoísta, competitiva, etc.) com os planos e a vontade do nosso Senhor através de uma vida marcadamente espiritual. Passamos a abandonar paulatinamente a vida só de "comida e de bebida" para, desde então, transcendermos para outro caminho bem mais prazeroso e perene: "o da Justiça, paz, alegria e gozo no Espírito Santo" (Romanos 14.17).

Com o nosso retorno ao Brasil no fim do ano de 2009, assumimos, de fato, e em definitivo, a condição pública de evangélicos e de servos de Deus.

A assunção dessa nova roupagem de nossa ideologia e crença cristã nos foi muito custosa, mas a convicção e a fé que nos conduziam desde então ao caminho da verdade e da vida nos permitiram superar os duros obstáculos e a curar (mesmo que com certa dor) as marcas dos embates e dos percalços que se nos apresentaram.

Passamos, sob a orientação de amigos mais que irmãos (Paulo e Bem, Minoru e Degmar, Josué e Sheila) e já sob os aconselhamentos à distância dos Pastores China e Inês desde São Paulo, a visitar algumas igrejas evangélicas a fim de escolhermos um lugar em que pudéssemos congregar, interagir e compartilhar as nossas convicções cristãs perante os irmãos junto à Casa de Deus. Elegemos no final de 2010 a Igreja "Comunidade Batista Acreana – CBA", capitaneada pelo Pastor Roberto Casas e sua esposa Elizângela, onde estamos até hoje.

Em paralelo, durante o ano de 2010, algumas visitas foram feitas aos Pastores China e Inês em São Paulo, visitas estas motivadas no mais das vezes pelas idas e vindas da Tatiane ao Instituto do Coração - INCOR por ocasião das periódicas revisões do marca-passo cardíaco nela implantado desde 2005.

Destes reiterados encontros brotou a cumplicidade, a confiança, a admiração e todos os demais adjetivos e predicados que sustentam uma amizade firme e verdadeira que se estendeu, para a nossa grata alegria e surpresa, a outros irmãos da Igreja Evangélica Jardim de Abril em Osasco/SP dos quais podemos citar os irmãos Luís e Miriam Roiz, Pastores Adolar e João e suas respectivas esposas Gabriella e Cláudia, Wilson e Andréia Pereira (100% Cristão), Cátia Lombas, etc.

Resultado desta amizade foi o inexorável convite para que os Pastores China e Inês juntamente com a Cátia Lombas (cantora/adoradora memorável) não poupassem esforços pessoais e viessem até "Nova Canaã", o Acre, para que, na data de 11/02/2012, celebrassem o ato que marcou as nossas vidas: o nosso casamento e o nosso autêntico enlace matrimonial perante o altar do Senhor depois de 06 (seis) anos que já vivíamos juntos (em união razoavelmente estável) após o nascimento de nossa filha Giulia.

Destes reiterados encontros brotou a cumplicidade, a confiança, a admiração e todos os demais adjetivos e predicados que sustentam uma amizade firme e verdadeira que se estendeu, para a nossa grata alegria e surpresa, a outros irmãos da Igreja Evangélica Jardim de Abril em Osasco/SP dos quais podemos citar os irmãos Luís e Miriam Roiz, Pastores Adolar e João e suas respectivas esposas Gabriella e Cláudia, Wilson e Andréia Pereira (100% Cristão), Cátia Lombas, etc.

Resultado desta amizade foi o inexorável convite para que os Pastores China e Inês juntamente com a Cátia Lombas (cantora/adoradora memorável) não poupassem esforços pessoais e viessem até "Nova Canaã", o Acre, para que, na data de 11/02/2012, celebrassem o ato que marcou as nossas vidas: o nosso casamento e o nosso autêntico enlace matrimonial perante o altar do Senhor depois de 06 (seis) anos que já vivíamos juntos (em união razoavelmente estável) após o nascimento de nossa filha Giulia.Já um pouco mais maduros na fé, resolvemos organizar dois eventos simultâneos: a realização da 1ª Oficina de Casais da nossa Igreja Comunidade Batista Acreana e o nosso batismo nas águas. Tais eventos ocorreram na última semana do mês de junho de 2012.

A Oficina de Casais foi planejada e executada com toda a antecedência, tranquilidade e sem maiores problemas até que, na sua antevéspera (dia 25/06/12), dia da vinda dos Pastores China e Inês e do casal auxiliar Luís e Miriam Roiz ao Acre (Rio Branco), o imprevisível aconteceu. Pese terem saído com três horas e meia de antecedência de casa (Osasco/SP) com o intuito de chegarem com tempo de sobra para embarcarem no Aeroporto de Guarulhos/SP para em seguida tomarem o avião rumo à "Terra Prometida", um atropelamento causou o fechamento da Marginal Tietê, pista que dá acesso ao aeroporto, impedindo-lhes que chegassem para o embarque em razão do quilométrico engarrafamento (+ de 400 km, segundo estimativa da imprensa da época) provocado no trânsito das ruas da "Selva de Pedra".

Diante de tal fato, como deveríamos proceder: decidir pelo cancelamento do evento, adiá-lo para uma data próxima e comprar outros bilhetes aéreos para permitir-lhes a vinda a posteriori? A ordem de Deus foi para que comprássemos novos (e caros) bilhetes de outra companhia aérea na tentativa de que os pastores pudessem chegar ao menos horas antes do evento que na ocasião já contabilizava aproximadamente 50 (cinquenta) casais inscritos.

Por Deus, tudo deu certo. A nossa Igreja CBA pôde experimentar a inesquecível experiência de agir como "corpo de Cristo", em perfeita harmonia de conjunto, não medindo esforços, sobretudo materiais, para levantar e desembolsar recursos para a compra imediata dos bilhetes de passagens. Muitas pessoas doaram o pouco que tinham para que a aquela última e esperançosa tentativa no intuito de que o evento se realizasse e não se frustrasse.

Com a graça do Senhor os palestrantes por fim (após 20 longas horas) chegaram à "Terra Prometida" e, como plus e prêmio pela perseverança e o obediência a Deus, antes de chegarem, ainda puderam desfrutar dos encantos de todos os rincões oferecidos pelo aeroporto de Porto Velho/RO na conexão de pouco mais de 12 (doze) horas, uma experiência "incrível e inesquecível" conforme eles próprios nos relataram.

Apesar dos pesares, e do visível cansaço dos Ministros do Evangelho, a obra de Deus ainda precisava ser cumprida. E a sua "resposta", ainda estaria por vir.

A Oficina (lugar de conserto, com "s") foi — no jargão popular evangélico — "tremenda" e os casais foram realmente impactados com as sábias e edificantes palavras ministradas sobre aliança e concerto (com "c") pessoal e matrimonial do casal para com Deus. Mas, não foi só.

A nossa cerimônia de batismo ocorrida no dia 29/06/12 (sexta-feira) também foi marcante, além de bela. O Pastor China com sua simplicidade e sabedoria emocionou a todos que naquele dia se encontravam em nossa residência fazendo chorar e refletir não só os já firmados na crença e na fé em Deus, mas também aqueles que ainda estão por verdadeiramente vivenciá-las como, por exemplo, nossos pais e irmãos consanguíneos que naquele dia especial puderam perceber que no reino de Deus todos (católicos e evangélicos) somos amados do Senhor e que sistema religioso algum é capaz de desnaturar o amor e a misericórdia Dele sobre nós bastando que nos apresentemos a Ele reconhecendo-o como nosso Senhor e Salvador. Um dia lindo e sensacional para a honra e glória de Deus!

Mas foi somente na terça-feira dia 03/07/12 que pudemos entender, dentre os muitos sinais e evidências que já havíamos vivenciado, o porquê do surgimento e da sedimentação da amizade, da cumplicidade e do elo (terrenal e espiritual) que até hoje nos une e mutuamente nos nutre.

É que para a grata surpresa dos Pastores China e Inês a nossa Igreja CBA, apesar de pequena (cerca de 200 membros), possui dentre os seus assíduos frequentadores um grupo de aproximadamente 20 surdos que, com a ajuda das intérpretes da linguagem de sinais (Libras) Ianele e Val, têm acesso direto e frequente à palavra de Deus.

A presença de muitos deles na Oficina de Casais que realizamos desde logo tocou o coração dos Ministros do Evangelho Paulo Henrique (Pastor China) e Inês trazendo-lhes, na ocasião, muita alegria, levando-os, inclusive, em alguns momentos, às lágrimas.

A "resposta" veio num encontro específico com este grupo de surdos — e não surdos-mudos como eles próprios sempre fizeram questão de destacar, corrigindo o Pastor China — na Igreja. Não há palavras para explicar o que foi vivido naquele dia e lugar. Um regozijo intenso e sem precedentes tomou conta de todos os presentes que, prostrados, em prantos e em estreita sintonia com Deus, oravam sem cessar clamando pela misericórdia e pela graça do Senhor que, sem dúvidas, estava ali.

Uma áurea espiritual de causar arrepios contagiou aquele lugar e, melhor, fez-nos entender que os planos de Deus são perfeitos e infinitamente maiores do que aquilo que pensamos ou sonhamos, apesar de aparentemente parecerem de início sem sentido e sem explicação.

Como por exemplo racionalmente explicar (em tão pouco tempo) uma conexão tão viva e pujante entre projetos no Senegal (África) e no Acre (Brasil)? Por que Deus usou, usa e ainda vai usar os pastores China e Inês e seus apoiadores para serem uma voz ativa dos surdos (do Senegal, do Acre, do mundo) no "deserto" e no seu reino das missões? R.: Não sabemos.

O fato é neste romance escrito pelo Criador ainda há muitos capítulos inéditos a serem revelados. Que continuemos ávidos na nossa missão e atuação e esperemos pacientemente o que o futuro nos reserva, porque do enredo que até aqui nos foi apresentado só temos uma única certeza: o final será, irremediavelmente, feliz.

Rio Branco/AC, 31/01/2013

Hilário Melo Jr e Tatiane Figueiras

Alguns meses haviam passado após nossa viagem ao Senegal quando recebi um e-mail da Fátima dizendo mais ou menos o seguinte: "China, você lembra da Tati, aquela nossa amiga que ofereceu o último jantar em Salamanca pra vocês? Ela vai estar em São Paulo pra fazer exames no INCOR, veja se pode dar uma força pra ela." Foi o que fizemos. Receber pessoas e ser hospitaleiro é uma ordenança bíblica, e eu e Inês temos este costume. Na verdade não lembrávamos direito da Tatiane, mas hoje sabemos que o Espírito Santo nos impulsionou a nos esforçarmos para recebê-la com excelência. Receber as pessoas em honra é uma virtude e se torna uma expressão marcante de amor na vida de alguém.

Aquele encontro foi decisivo, foi uma oportunidade dirigida por Deus. Tenho aprendido que na estrada da vida não podemos desperdiçar as oportunidades, como servos de Deus todos nós devemos aproveitar as conexões de nossas viagens para levar as pessoas ao conhecimento do amor de Deus. Tatiane e Junior já conheciam a Jesus através da religião, mas isso só não bastava para eles e não basta para ninguém. Ela dizia com convicção: "Somos católicos". Mas no decorrer de nossas conversas confrontamos a Tati a pensar em dar um passo além da religião. E aproveito aqui esta oportunidade também para confrontá-lo: Quem é o Jesus que você conhece? Aquele dos filmes Hollywoodianos? O Jesus da religião de seus pais? Pare e pense nisso! Jesus também confrontou a mulher samaritana citada no capítulo anterior. A pergunta que aquela mulher fez para Jesus foi "Onde se deve adorar?", geralmente é o que muitos de nós religiosos carregados de religiosidade perguntamos; porém a resposta dada por Jesus foi "Como devemos adorar a Deus." "Onde" adorar é a pergunta equivocada que a humanidade tem feito há séculos, seja de que credo tenham escolhido ou sido influenciada por seus pais, não importa se católicos, espíritas, evangélicos, etc. o "Onde" tem afastado muitas pessoas do Cristo verdadeiro que morreu, ao terceiro dia ressuscitou, hoje está vivo e pronto para viver um relacionamento com aqueles que fazem a escolha por amá-lo e servi-lo. O "Onde" diz respeito à religião, o "Como" diz respeito ao relacionamento.

Hilário e Tatiane precisavam ser confrontados, e muitos meses se passaram para que sua posição em Cristo fosse resignificada e consolidada, sobre este casal de Servos do Senhor muitas outras coisas poderiam ser ditas. Desde sua conversão eles têm investido recursos financeiros, emocionais e espirituais para que outros casais cheguem ao conhecimento do Cristo que eles conheceram. A história desses dois por si só daria um livro e, como escreveram acima, também acredito que muitos outros capítulos deste romance ainda serão escritos.

Assim como três horas de um jantar em Salamanca na Espanha foram parte essencial de nossa viagem ao Senegal, acredito que a leitura destas experiências também possa ser uma conexão em sua vida. Por isso fique atento àquilo que Deus deseja falar com você, a viagem está somente começando, aguarde os próximos capítulos, aliás, Hilário e Tatiane já fizeram uma pequena introdução, mas logo mais chegaremos juntos ao Acre, à "Terra Prometida", quem diria que um dia eu iria ao Acre...

MISSIONÁRIOS SELMO E FÁTIMA EM SALAMANCA

PRAÇA MAIOR EM SALAMANCA

BATISMO DE HILÁRIO JUNIOR E TATIANE

Música e Missões

"Cantem ao Senhor e o louvem. Anunciem todos os dias que ele nos salvou. Falem da sua glória às nações; contem a todos os povos as coisas maravilhosas que ele tem feito."
Salmos 96.2,3

Senegal (Cátia Lombas)
O tempo se passou e nada se modificou
Tantas lágrimas tantos altares.
Quanto medo quanta dor.
Mas não perca a esperança há um Deus que te amou
Enviou seu filho ao mundo e numa Cruz te resgatou.
Toda lágrima dos teus olhos Cristo enxugará
E por vales verdejantes mansamente te guiará
Senegal, não temas.
Nas mãos do verdadeiro Deus estão teus pequeninos.
Do Reino de Justiça e Paz, fazem parte os teus meninos.

O que seria da vida sem ritmo, sem melodia, sem harmonia? O que seria da vida sem a música? Acho que a vida seria sem cor, opaca, talvez sem o mesmo brilho. Esta conexão é um brinde a música e a músicos, a música e músicos que levam esperança e nos desafiam a refletir como está nosso olhar em relação ao próximo. Não é uma música egocêntrica que busca a satisfazer desejos próprios, ou que deseja um relacionamento exclusivista com Deus. É uma música com acordes de maior amplitude feita por quem prova que ama a Deus através do amor com o qual ama o próximo utilizando-se de seu dom, o dom da música.

Ouso aqui dizer que este tipo de música e músicos produzem vida mesmo àqueles que não podem ouvir, como nossos queridos Surdos do Senegal, ainda que não ouçam captam o sentido dos sons, pois a música é transcendente, também é tocada no céu, e um dia todos aqueles que estiverem com Cristo terão oportunidade de ouvir o mesmo som, o SOM DO CÉU.

Desde os meus tempos de pré-adolescência me interessei por música. Naquela época era tudo muito diferente dos dias de hoje, não tínhamos à disposição os recursos que temos hoje para acessar partituras, cifras, letras, vídeos, etc. e na época não tive condições de acesso a um professor ou conservatório musical.

Meus primeiros acordes e noções musicais se deram dentro da Primeira Igreja Batista em São Caetano do Sul, lá eu olhava os jovens tocando e fitava os olhos em suas mãos em busca de memorizar os acordes feitos no violão para em casa tentar repeti-los, e isso deu certo, acabei aprendendo alguns acordes. Mal eu sabia o quanto a música afetaria minha vida. Desde então meu interesse era o de fazer música fora das quatro paredes da igreja, mesmo sem ter o conhecimento que tenho hoje sobre o poder de influência que a música tem sobre o jovem e como é aceita nos mais diversos grupos sociais. O fato é que eu vivia criando e participando de apresentações musicais com finalidade evangelística. Foram incontáveis apresentações em teatros, escolas, praças, escolas, coretos, caminhões, casas de show até em frente de loja de calçados, debaixo de um frio de aproximadamente 5 graus eu já toquei. Eu sempre amei ministrar louvor na Igreja, porém creio que meu amor por levar a música inspirada por Deus aos jovens fora da igreja não tenha sido menor.

05 de dezembro de 1985, em um culto na Igreja Evangélica do Povo Livre, na cidade de Osasco, Deus me chamou de uma forma clara e marcante para o ministério de música. Naquela época não estava exercendo o ministério de música diretamente, eu ajudava a carregar os equipamentos e participava dos ensaios, mas o pessoal que tocava estava muito à frente musicalmente. Eu continuava olhando e aprendendo o que podia, porém o Senhor havia escolhido este dia para me separar para o Ministério. Sob uma revelação dada a um dos pastores, o Senhor ordenou que eu fosse ungido com óleo, foi o que aconteceu. Talvez você não entenda a importância deste ato, mas eu entendi. O ato de ungir na Bíblia entre outros significados tem a função de dar autoridade e habilitação para determinado tipo de trabalho ministerial e isso vem de Deus não de homens. Até hoje tenho plena convicção que aquela unção contínua operando em minha vida, e através dela pude junto com outros queridos amigos e irmãos levar a mensagem do amor de Deus através da música.

Durante estes mais de 25 de anos de ministério musical conheci e fiz grandes amigos, seria injusto citar alguns nomes, pois esqueceria outros que foram de extrema importância em minha história de vida, afinal música é uma forma tão magnífica de expressão que só posso me sentir privilegiado por ter sido agraciado por Deus para fazer parte deste Ministério e fazer tantas amizades gostosas. Na verdade não era desta forma que eu havia planejado iniciar este capítulo, mas me vem à mente agora é que o depoimento da Cátia representa uma homenagem a todos estes queridos companheiros de Ministério de Louvor com os quais trabalhamos juntos durante estes anos. Ela irá representar aqueles que têm dedicado seu talento para glória de Deus e alcançando o coração de tantas pessoas através de sua arte.

Na verdade o que criamos nestes seis ou sete anos, desde que ela junto com seu esposo David e suas filhas chegaram a IEJA é algo que chamo de afinidade musical/espiritual. O que me chama a atenção nesta conexão em Osasco SP, foi a maneira com a qual muitos músicos de nossa Igreja entenderam a importância da música no contexto de missões.

Nossa viagem fora intensa, e com a mesma intensidade voltamos ao Brasil extremamente motivados a ajudar o Projeto Surdos do Senegal que na verdade estava nascendo. Quando eu comparava todos os recursos que temos em nosso país com o Senegal era inevitável pensar: "Com poucos recursos no Brasil podemos fazer muito pelo Senegal." Meu desafio não era só o de desafiar minha igreja, pois esta sempre procurou ajudar a obra missionária, mas também levar esta visão de que muitas outras igrejas e pessoas poderiam fazer a diferença, não somente no Senegal, mas onde Deus os direcionasse. No Reino de Deus ninguém faz nada sozinho e é aqui que entra o papel fundamental exercido por muitos ministros de louvor que ajudaram na propagação da música para missões. Nesse período mais de 5.000 cópias de CD foram vendidos e revertidos para o Projeto, conseguimos realizar uma Grande Conferência Missionária (à frente você saberá mais detalhes), despertamos muitas igrejas para contribuírem com missões e repassamos a missão JMM (Junta de Missões Mundiais) quantia importante para aquisição de terreno para o Projeto. Vejamos um pouco do relato da Cátia Lombas:

Relato de Cátia Lombas

Aos cinco anos de idade comecei a louvar ao Senhor com cânticos, durante a adolescência fui discipulada pra ser adoradora na casa do Senhor e durante toda minha vida tenho servido como levita no ministério de louvor.

Compor canções foi à maneira que encontrei para expressar minhas experiências com Cristo e sua palavra, vivenciadas a sós ou no Corpo de Cristo.

Quando iniciamos a gravação do CD "Jesus o Desejado", "ministério de louvor IEJA" em 2007, estava feliz, porém, não achava essencial que gravássemos um CD, pensava ser mais que gratificante que minhas composições fossem cantadas na igreja, além de já haver muitos CDS Evangélicos de ótima qualidade no mercado.

Minha posição mudou quando o Espírito Santo colocou no coração do pastor Paulo Henrique, que é líder do ministério de louvor, e confirmou à liderança da Igreja que o lucro do CD deveria ser destinado á obra missionária. Posteriormente soubemos que nossa oferta seria destinada ao Senegal. Vibrei, juntamente com os outros ministros de louvor da IEJA.

A partir dessa direção passei a sonhar novamente, a crer que poderia fazer algo mais, ser útil ao reino, tive uma nova perspectiva em relação aos dons que recebi do Senhor e desejei profundamente fazer parte daquela obra.

O Pastor Paulo Henrique e sua esposa Inês estiveram no Senegal em sua primeira viagem missionária e nos puseram a par da realidade local e da essência do projeto Surdos do Senegal, no qual estávamos engajados, seus relatos foram de extrema importância para nos despertar em relação a nossa responsabilidade enquanto igreja de Cristo na Terra.

No calor de um despertar para missões que nos sobreveio, escrevi a canção "Missões" que descreve três eixos do trabalho missionário, ofertar, interceder e ir, e a canção "Senegal" que explicita o amor

Desde então, tive o privilégio de gravar um CD bônus com as canções, Senegal e Missões para o livro "Treze anos em Treze dias" que relata a Primeira viagem missionária que o pastor Paulo Henrique e sua esposa Inês fizeram ao Senegal; CD Presente de Deus, com hinos tradicionais, o CD IEJA 35 anos e o CD solo Reconciliação, destinado ao projeto Surdos do Senegal.

Atualmente o "Projeto Surdos do Senegal" está mais forte, mas sabemos, para a Glória do Senhor, que a nossa pequena parcela de contribuição o ajudou a nascer. Digo que é pequena porque é um trabalho de formiguinhas em um grande mercado fonográfico, mas o Senhor é mestre em fazer grandes coisas de coisas pequenas, por isso, o louvo.

Finalmente posso afirmar que após essa experiência, minha vida Cristã nunca mais foi à mesma.

Apesar das dificuldades encontradas no caminho, sempre desejo fazer algo mais, ir mais além, pus minhas mãos no arado e não quero mais olhar pra trás.

É comum vermos nos aeroportos as pessoas preocupadas com seus voos, cada um correndo para um lado tentando fazer seu check-in e em busca do melhor lugar no avião. Em meio a toda esta dinâmica, a pressão de horários e as regras que devem ser cumpridas a gente deixa de olhar para os lados, deixa de olhar para as pessoas que estão ao nosso redor, sejam elas passageiros, atendentes, aeromoças, comissários, etc. Nosso olhar está fixo em nosso destino. É lá que queremos chegar e é só isso que importa, afinal o problema dos outros não nos diz respeito. Quando trouxe ao Brasil o desafio do Projeto Surdos do Senegal eu sabia que sozinho não iria muito longe, mas dei uns gritos no saguão do aeroporto e pessoas sensíveis a voz de Deus e a dificuldade do próximo olharam para mim e ouviram aquela mensagem. Sem dúvida boa parte do grupo de Ministros de Louvor da IEJA fez isso.

Para aqueles que são evangélicos muitas vezes o saguão do aeroporto representa a igreja, e seus destinos são representados pelo ministério que exercem na igreja. E a máxima acaba sendo a mesma, ou seja, cada um olhando para seu próprio destino.

Em primeiro lugar como disse o pastor Adhemar de Campos: "O ministério não é teu, pertence a Deus", em segundo lugar digo eu agora: "Se o ministério não serve aos demais ministérios, não serve!".

Louvo a Deus porque no saguão deste aeroporto muitos músicos têm entendido que nosso talento deve servir a Deus, a Igreja, aos demais Ministérios e ao próximo; se você estiver focado somente em seu destino, não perceberá o quanto Deus poderia fazer através de seus dons e talentos.

Nesta conexão estamos falando de música, acredito que alguns músicos possam ler este livro e serem transformados neste momento de nossa viagem, confesso que nos últimos quatro anos especialmente tenho visto muitas conexões maravilhosas entre música e missões, mas na verdade isso não diz respeito somente a músicos, mas a servos de Deus, afinal Ele concedeu dons e talentos a todos nós.

Fica aqui um tempo para refletirmos através da canção abaixo, fruto de um coração que em uma das conexões da vida Cristã foi confrontado a ofertar seu talento em amor ao próximo. E nós o que temos feito? Onde está o nosso olhar? Do que fala a nossa música?

Missões (Cátia Lombas)
Estendemos nossas mãos
Para adorá-lo pai com ofertas de gratidão
Alargamos teu Santo templo, nossos corações.
Eis-nos aqui.
Porque Missões são mãos que se estendem.
Joelhos que se dobram e pés que vão
Nos apresentamos, como seus valentes
A Ti clamamos por aqueles que no campo estão
Olha pra eles pai
Sustenta-os em tuas mãos
Pra que a obra da cruz, possamos juntos proclamar.

LANÇAMENTO DO CD "RECONCILIAÇÃO" DE CÁTIA LOMBAS
TODA RENDA DESTINADA PARA MISSÕES NO SENEGAL

CONEXÃO ANGOLA

"... Escrevo a vocês, jovens, porque são fortes. A mensagem de Deus vive em vocês, e vocês já venceram o maligno."

I João 2.14b

Jovens Influências

A multiplicação é um assunto tratado em diversas situações na Bíblia. Como árvores frutíferas somos chamados a dar frutos e frutos são exatamente o resultado da multiplicação gerada por uma árvore. Jesus nos adverte que se a árvore não der fruto ela é cortada. Mas na prática como podemos dar frutos? Influenciando outras pessoas através de nossa vida. Influenciar foi a estratégia usada por Jesus quando viveu neste mundo, nosso Mestre levou seus discípulos durante três anos à viagem de conhecimento do Reino de Deus, após estes três anos de influência e a descida do Espírito Santo estes homens foram capazes de influenciar milhares de outras pessoas e ao final entregarem suas vidas por amarem o Reino para o qual Jesus os tinha levado a conhecerem.

Influenciar é levar as pessoas conosco a lugares que ainda não conhecem, é mostrar o local, suas peculiaridades, como vivem as pessoas ali, qual a culinária predominante, etc. Se você já viajou por lugares históricos e fez uso dos serviços de um guia turístico sabe muito bem sobre o que estou falando, um guia comum conta a história do local, apresenta alguns aspectos e lhe traz informação, agora um guia excelente faz com que você penetre na alma daquele local, ele tem brilho nos olhos e faz com que você seja transportado à história de forma brilhante. Há muita diferença entre os dois tipos de guias.

Assim funciona também o evangelho, como citei em meu diário 13 anos em Treze dias quando sentado na primeira fila de bancos da minha igreja ouvi um missionário falar sobre as crianças da Índia que precisavam ser alcançadas pelo amor de Deus, o brilho de seus olhos e o entusiasmo com o qual relatava transportou-me à Índia, eu me senti lá, me senti também responsável por fazer alguma coisa, mas o interessante é que aquela conexão era apenas uma oportunidade para que eu pudesse chegar ao Senegal. Em meio a escalas e conexões, pessoas que partem em um mesmo voo acabam se separando no meio da viagem, outras entram para fazer um trecho menor, é assim que funciona. Ao fazer uma viagem de avião nem todos os passageiros têm necessariamente o mesmo destino final.

O missionário Antônio Claudio me levou a uma conexão, mas a partir de um ponto fui para outro destino, o mesmo ocorreu em minha viagem, convidei muitas pessoas a conhecerem ao Senegal, algumas se identificaram, outras seguiram para outros destinos como as jovens Kamila e Fátima. Eu as levei a viajar pelas ruas do Senegal, elas conheceram as crianças de lá, os missionários, os projetos desenvolvidos naquela nação, mas o Senhor queria que fizessem uma outra conexão e nela embarcassem para Angola. Agora serão elas que nos conduzirão a um outro país da África chamado Angola:

Relato de Kamila:

Quando assistimos a um filme, não imaginamos o trabalho que é para gravar cena a cena, quantas horas os atores se prepararam e estudaram para realizar uma ação, para deixar real uma emoção. O diretor antes de todos tem em sua mente a visualização da sequência das cenas e com um olhar crítico vai ajustando os detalhes para que tudo fique perfeito. Sentamos em nossas poltronas e assistimos, doando um pouco do nosso tempo para prestigiar a conclusão desse trabalho. Alguns se apaixonam pelo filme, se imaginam também atuando; alguns acham até interessante, mas nada se modifica em suas vidas; e outros simplesmente não gostam. O filme poderá concorrer a muitos prêmios, ser muito elogiado, e logo será esquecido após um curto período em cartaz, porém nunca deixará de ter existido.

Falar de missões é como estrear um filme, são expectativas de ambos os lados, para quem já atuou nunca mais conseguirá somente assistir, e para o receptor da mensagem será apenas mais uma história se um dia não ousar experimentar um evangelho em sua totalidade.

Ter o sonho de ser atuante em missões surgiu assistindo a alguns destes "filmes". Pra mim o culto de missões na IEJA não é apenas uma simbologia para não passar despercebido nas nossas vidas o "Ide e pregai". Nestes cultos são plantadas sementes que com o passar do tempo germinam e já podemos ver alguns frutos.

Como por exemplo, o Pastor China foi despertado para missões em um culto de testemunho de um missionário que falava sobre um trabalho realizado na Índia, em meu coração algo me fazia buscar por algo a mais após escutar os relatos e ler o livro da viagem ao Senegal realizada pelo Pr China e a Inês em 2008, porém não foi ao Senegal que fui direcionada pelo Senhor a ir trabalhar, mas por Sua vontade fui direcionada a ir por duas vezes a Angola no projeto "Tenho Fome" da Cia Nissi que realiza um trabalho específico de implantação de orfanatos e cuidado com crianças naquele país, levando o amor de Deus àquelas crianças.

Com isso consigo entender a Palavra que diz em Hb 4.12 "Pois a palavra de Deus é viva e eficaz, e mais afiada que qualquer espada de dois gumes; ela penetra ao ponto de dividir alma e espírito, juntas e medulas, e julga os pensamentos e intenções do coração."

O trabalho daquele que abre mão dos seus sonhos pessoais para viver o chamado de Deus, nunca será em vão, a Palavra é viva é eficaz, mesmo que os resultados não sejam visíveis aos olhos humanos, Deus usará do seu modo criativo para atingir os corações. Creio que é um trabalho imensurável, nunca saberemos o quão profundo a palavra penetrou, mais uma coisa é certa, os pés que vão, proclamando as boas novas, serão sempre os mais beneficiados. Seja aqui na terra ou quando chegarmos ao céu.

Relato de Fátima:

Nunca sonhei em ir para África, mas era sonho de Deus me levar para lá...

Todos nós temos uma contribuição no reino, e sempre achei que a minha fosse interceder pelos que vão e contribuir financeiramente.

Mas quando aceitamos Jesus como senhor e salvador de nossas vidas, já não vivemos mais, mas Cristo vive em nós, e nesta hora começamos a buscar os sonhos de Deus e acreditem, são melhores e maiores do que os nossos. Eu posso dizer isso com propriedade.

Nossa igreja IEJA já desenvolvia missões locais, com ações pelo bairro e arredores, mas creio que houve um despertar mais profundo após a viagem do Pastor China ao Senegal, aumentando a atenção ao tema, através dos cultos mensais de missões, entre outras ações para incentivar os membros a refletirem melhor sobre o assunto.

No que diz respeito a missões creio que houve uma fase na IEJA antes do Senegal e após o Senegal. Uma pessoa entusiasmada contagia a todos e promove mudanças no meio em que o cerca, e creio que foi isso que houve com o Pr.China, ele foi contagiado por missões e dividiu esta experiência com todos. Eu fui uma destas pessoas.

Particularmente, nunca desejei ser missionária, e muito menos ir a um lugar que considerava perigoso e extremamente difícil de trabalhar, em filmes que assistia, sempre achava muito lindo o trabalho feito pelos missionários, mas logo pensava: "isso não é para mim"; não me via fazendo aquilo, talvez pelo medo também.

O fato é que não me via, mas o senhor já sonhava com o meu futuro antes mesmo de eu ter sido gerada, e alguns meses depois lá estávamos a Kamila e eu pisando em solo Africano, especificamente em Angola.

O que parece estranho já que a nossa igreja estava com os olhos fitos no Senegal, e como fomos parar em Angola?

Na realidade o intuito do Senhor é sempre somar, levar seus filhos em lugares que precisam de um cuidado especial, de restauração, e creio que da mesma maneira que o Senegal é um lugar que precisa do amor de Deus e está sendo feito um trabalho maravilhoso, Deus também quer restaurar Angola.

O Senhor começou a falar ao meu coração a realizar esta viagem missionária, foram duas semanas de espera e veio à confirmação que esta era a vontade dele para minha vida.

Um dia ganhei um cd, mas de todas as músicas era só uma que eu escutava repetidamente, não conseguia parar de ouvir, a música: "Uma nova história" do cantor Fernandinho. Essa música fala sobre sair da sua tenda e ver o que Deus quer mostrar, e como o titulo dela mesmo diz, uma nova história Deus tem para nossas vidas quando o buscamos e deixamos conduzir tudo. A música baseada no chamado de Abraão Gênesis 12.1 "Ora, disse o Senhor a Abrão: Sai da tua terra, da tua parentela e da casa de teu pai e vai para a terra que te mostrarei".

Falou muito comigo, enfim Deus falou de diversas maneiras que iríamos a Angola, além de colocar em nossas mãos de forma extraordinária toda provisão financeira. E o mais importante, saímos debaixo da cobertura de nossa igreja, com total apoio dos nossos pastores.

O apoio é fundamental e fez toda diferença, a viagem para Angola durou 30 dias, onde o Senhor nos guardou e livrou de uma forma maravilhosa.

Chegando ao projeto, tive mais uma confirmação daquilo que Deus estava me direcionando. O primeiro culto naquela terra começou com a música do mesmo CD, segue a letra.

Grandes Coisas (Fernandinho)
Tu és o Deus dessa terra
Tu és Rei desse povo
És o Senhor da nação
Tu és
Tu és a luz desse mundo
Esperança para os perdidos
Tu és a paz pros cansados
Tu és
Ninguém é como nosso Deus
Ninguém é como nosso Deus
Grandes coisas estão por vir
Grandes coisas vão acontecer nesse lugar
Grandes coisas estão por vir
Grandes coisas vão acontecer aqui
Ninguém é como nosso Deus

Quando pisamos em solo Angolano fizemos um ato profético com as crianças, cantando este louvor: Grandes coisas estão por vir.

E creio que depois deste ato profético muitas coisas começaram a ser rompidas e o novo de Deus começou naquele lugar, por causa da fé daquelas crianças. Quando fecho os olhos posso ouvi-las cantando com uma fé e uma convicção que estavam sendo ouvidas por Deus, e ao mesmo tempo dizendo ao Senhor: - Tu és tudo o que temos, nossa esperança está em ti.

Precisamos tomar posse da nossa terra e de nossa herança dada por Deus, ele deve ser Senhor das nossas vidas, o diabo tenta dizer às pessoas que elas não podem, que não são capazes e que não conseguem sair de uma determinada situação, mas quando agimos o Senhor reage a nosso favor, quando começarmos a tomar posse das promessas declarando em alta voz que o Senhor é Deus da nossa terra, e que ele é quem detém o governo de todas as coisas, vamos viver o verdadeiro evangelho.

Que possamos sair das nossas tendas (comodidade), e começar a explorar o improvável e deixar Deus nos conduzir a lugares altos, seja este lugar na África, ou no Brasil, não importa, o que importa é ouvir a voz de Deus e viver os sonhos dele!!!!!

Quando leio os depoimentos apaixonados de Kamila e Fátima me vem um filme à mente. Fico pensando como chegaram à nossa igreja e de que maneira vivem hoje. Essas moças foram evangelizadas por jovens da IEJA. Antes não conheciam a Jesus e viviam suas vidas como muitos jovens em nosso país, sem um propósito maior. As últimas gerações de jovens em nosso país infelizmente têm sido chamadas de gerações vazias, individualistas e imediatistas. Mas quando um jovem faz uma escolha autêntica por servir a Cristo suas perspectivas de vida são transformadas e suas vidas regidas por valores transcendentes. De fato uma nova história aconteceu na vida destas jovens. Mas elas não pararam e ficaram curtindo de forma egoísta a viagem que passaram a fazer com Cristo, elas aceitaram novos desafios e novas conexões esperando ser úteis aos propósitos de Deus para que outras pessoas em um país tão distante de nossa realidade também pudessem embarcar na maior de todas as viagens, a viagem que nos leva ao Reino de Deus.

O jovem é forte, tem energia e disposição de sobra para realizar muitas coisas que depois de velhos já não conseguimos fazer, devido às limitações físicas.

Kamila e Fátima são um exemplo de jovens que colocaram sua juventude, dinheiro e intelectualidade à serviço do Senhor. Ambas, na época de sua viagem, ocupavam cargos importantes em suas empresas, tinham reais condições financeiras de fazerem uma viagem de turismo aos lugares mais procurados do Brasil ou do exterior, mas seus corações estavam dispostos a atenderem a um chamado do Senhor, ao contrário consagraram seu período de férias, investindo recursos financeiros próprios para irem voluntariamente a Angola.

Encerro esta conexão orando ao Senhor para que possa despertar outros jovens a sentirem ardor em levar o nome de Cristo a outras pessoas, seja na faculdade, trabalho, missões locais ou transculturais. Se você é um jovem, quero te desafiar a consagrar sua profissão ao Senhor para que Ele possa fazer uso de sua profissão para a Glória Dele. Consagre também seus recursos financeiros, consagre seu tempo de qualidade, consagre tempo de lazer, consagre tudo ao Senhor. A bíblia diz para buscarmos primeiro o Reino de Deus e sua justiça e as outras coisas nos seriam acrescentadas. Confie nesta palavra.

Nossa geração de jovens cristãos tem uma responsabilidade de ser a ponte área que irá levar muitos jovens ao conhecimento de Cristo. Que você seja usado por Deus! Vamos à próxima conexão?

FÁTIMA E KAMILA JUNTO ÀS CRIANÇAS

PROJETO EM ANGOLA

CONEXÃO CAMARÕES

"Que a sua felicidade esteja no Senhor! Ele lhe dará o que o seu coração deseja." Salmos 37.4

Um Guia pra lá de especial

Nas viagens da vida você conhecerá muitas pessoas. Muitas não afetarão sua vida e nem você as vidas delas, são encontros que acontecem todos os dias, mas que não exercem grandes influências em nossas vidas. Mas como podemos prever que um encontro casual poderá afetar nossa existência? Acho que isso não dá para saber. Gosto muito de contar essa história em minhas pregações, a história de dona Marisa e do ex-presidente Lula, como poderiam imaginar no primeiro encontro em uma sala de recepção do Sindicato que um dia iriam se casar? Como ela podia imaginar que ele seria o Presidente do Brasil? Será que um dia ela imaginou ser chamada de primeira dama? Pensou que viajaria diversas nações do mundo encontrando com tanta gente famosa e influente? Acredito que não. O fato aqui é que de alguma maneira Lula e Marisa trocaram olhares, perceberam um ao outro e a partir daí, toda esta história começou. Isso diz respeito também às conexões e encontros que temos na vida. Precisamos estar atentos aos encontros e conexões da vida, pois elas podem afetar e mudar todas as perspectivas de nossa vida. Se somos servos de Deus e colocamos nossas vidas à disposição dos propósitos do Senhor aí precisamos ter atenção redobrada, meu querido leitor quero que atente para o fato de que DEUS TEM SONHOS para você. Muitas vezes nos esquecemos disto, tomamos decisões precipitadas ou levamos nossa vida descuidadamente porque nos esquecemos de que o Senhor tem planos especiais para todos nós. Por nossas limitações de seres humanos que somos na maioria das vezes não percebemos o que Deus quer realizar em nós e através de nós, me arrisco a dizer que em muitas situações acabamos até estragando aquilo que deveríamos executar como plano de Deus para nossas vidas e com vistas a Seu Reino.

Em minha primeira viagem ao Senegal conheci dezenas de pessoas durante treze dias, algumas delas foram marcantes para mim, dentre esses encontros transformadores e de grande valor está o Pastor Pierre Celestan. Pastor Pierre é um servo de Deus extremamente comprometido em levar pessoas a viagens e conexões que têm como destino final ao país chamado Reino de Deus. Como excelente guia que é já tem um rota especial programada, é um passeio super especial que no final privilegia o turista com um encontro pessoal com o Rei deste Reino, o Rei Jesus Cristo. O interessante deste guia chamado Pastor Pierre é que nesta viagem ele não cobra nenhuma taxa, a viagem é de graça, ou pela graça, e na sala real ele apresenta Cristo como o centro de todas as coisas.

Nosso guia atualmente trabalha em um "Aeroporto" específico, é de lá que faz às partidas conduzindo às pessoas a viagem descrita acima. Guias como ele são raros, ele já tem muita experiência nesse trabalho, por isso você perceberá que suas explicações são muito ricas em detalhes, sendo assim seremos todos privilegiados em fazermos esta conexão em outro país da África Chamado Camarões, com nosso sonhador e bem humorado Pastor Pierre:

Relato de Pastor Pierre Celestan

Deus realiza NOSSOS SONHOS

Introdução

Um dia, ela ouviu um grande tumulto interior de um chamado vindo de Deus para que servisse como missionária. A hesitação encontrou fontes nas dúvidas, bem como nos múltiplos cuidados e providência de Deus. Como ela vai viver? O que a sua família vai se tornar? Quem vai cuidar de seus filhos? Quem vai ajudá-la no futuro? Quem irá suprir suas necessidades, se ela sair de seu trabalho e ousar servir a Deus? Perguntas, muitas, dolorosas e angustiantes, fluíram em sua mente já experiente.

Porém, finalmente ela resolveu seu dilema, mas parece óbvio que seus zumbidos e barulhos, originados de uma compreensão distorcida (parcial ou total) da grandeza, poder e fidelidade do Deus vivo e verdadeiro que nos chama a servi-Lo. Como ela, muitos cristãos se recusam a servir a Deus, porque eles pensam que Ele não é nem muito fiel, nem muito poderoso para realizar nossos sonhos. É o contrário que é verdade. Quando alguém diz "sim" a Deus, ele então percebe que o próprio Deus é a fonte inesgotável de sonhos que gritam para fora de nossas mentes. Em verdade, não são nossos sonhos que Deus realiza. Pelo contrário, Deus realiza seus sonhos através de nós. Como com José, Deus é o iniciador, o controlador, o contemplador e realizador dos nossos sonhos. Mesmo quando parece que estamos errando como Abraão, Ele continua a mantê-los, para nutrir, sustentar e soberanamente realizá-los no seu tempo, marcado para a sua própria glória. Minha jornada com Deus até o dia de hoje me permite dizer com confiança e com a garantia de que Deus nunca abandona seus filhos no caminho, que Ele cuida de nós, mesmo nos momentos sombrios e quando os indicadores parecem nos dizer que estamos sós. Deus realiza nossos sonhos. Aprendi experimentalmente no chão sólido de seu serviço, e eu rogo que me de a graça de nunca esquecer disso.

Hoje, minha esposa Prudentienne, meus filhos Raphaela e Josias e eu servimos ao Senhor na cidade de Maroua, Extremo-Norte dos Camarões, com a Junta de Missões Mundiais (JMM), da Convenção Batista Brasileira (CBB). Sem qualquer sombra de dúvida, sabemos que estamos onde devemos estar. Por quanto tempo? O tempo que Deus decidir nos manter ali. Estar lá em Maroua não é nossa escolha pessoal, nem um produto perigoso de circunstâncias solitárias. É, sim, o resultado da graça de Deus "de acordo com o propósito daquele que faz todas as coisas segundo o conselho da sua vontade" (Efésios 1.11).

1. Muitas vezes, os nossos objetivos são parte da vontade de Deus para nós.

Quando eu me tornei o pastor residente da Igreja Batista Dakar, em fevereiro de 2005, eu defini para mim um período de intervalo de tempo de cinco anos para depois passar a Igreja para os sucessores brilhantes. Essa decisão seguiu minhas declarações quando fui oficialmente aceito como pastor assistente da Igreja (2002) pela Assembleia Geral. Naquele tempo, muitas perguntas permeavam a minha mente. Entre essas perguntas, a seguinte: Como é que eu me enquadraria como um pastor de igreja? Eu respondi que estávamos escrevendo uma visão para a Igreja. Com o término dessa visão, acho que vou fazer outra coisa. A visão foi finalmente lançada em meados do ano seguinte (2003), e deveria terminar no ano de 2009. Eu, então, comuniquei à Igreja que até o ano de 2009 iria sair. Mas como ninguém é absolutamente senhor de sua agenda e tempo, vou me dar uma margem de mais dois anos. Então, com certeza eu não vou mais ser o pastor da Igreja em 2011. Isso é o que eu tinha em minha mente. Isso é o que eu defini. Isso é o que pedi a Deus. Em 2008, comecei a me preparar para a partida intensamente. Na verdade até o ano de 2009, eu poderia ter até mesmo saído, se não fossem algumas circunstâncias que me mantiveram ali. Mas pude facilmente dizer que Deus trabalha em e com o nosso plano. Para realizá-lo Ele usa o tempo, as circunstâncias e os homens. Um dia, um casal veio para a nossa casa. Nós não sabíamos que eles eram ferramentas usadas Deus para o próximo passo do nosso ministério e vida.

2. Para realizar os sonhos que Deus envia pessoas até você

Deus trabalha de forma que não podemos ver e não conseguimos entender. Ele faz as coisas perfeitamente e em seu próprio tempo. Paulo diz que ele "é capaz de fazer infinitamente mais do que tudo o que pedimos ou pensamos, segundo o poder que opera em nós" (Efésios 3.20). Ele assim o fez por nós. Em 2008, Walter e Alzira Freire, que também são missionários com JMM que trabalham com surdos-mudos no Senegal acolheram no Senegal pastor China, da Igreja Evangélica do Jardim d'Abril, em Osasco, São Paulo, Brasil. Pastor China nos visitou em nossa casa. Passamos um ótimo tempo juntos, não apenas em torno de uma boa refeição feita por minha esposa, uma receita que só ela tem o segredo, mas também em todo o trabalho que estávamos fazendo no Senegal. Sonhamos e oramos juntos. O Freire traduzia para nós cada vez que o idioma inglês parecia ser insuficiente para tornar nossas ideias mais claras. Encorajamo-nos mutuamente a manter no caminho, oramos um pelo outro e nos separamos. Pastor China e sua esposa retornaram ao Brasil. Como eu já disse, nós não poderíamos imaginar que iriam se tornar ferramentas de Deus e canal para nos levar onde estamos. Posso sugerir a você para não se fechar as portas de sua casa para o povo de Deus? Você nunca sabe que pessoa hospedará ou por que ele foi enviado por Deus. O escritor do livro de Hebreus diz que: "Não vos esqueçais da hospitalidade, pois, assim, alguns hospedaram anjos sem saber" (Hebreus 13:2). Deus, que nos conhece, nos chama, nos prepara, nos dá sonhos e os realiza, porque Ele sabe o nosso futuro. Ele diz através de Jeremias: "Eu sei que os planos que tenho para vós, diz o Senhor, planos de paz e não de mal, para vos dar um futuro de esperança" (Jeremias 29.11). Caros amigos, posso também sugerir isso: Não se preocupe com o amanhã. Não se preocupe de estar no centro da vontade de Deus.

3 - Deus contempla e realiza nossos sonhos

A próxima vez que ouvi falar do pastor China, alguns meses depois, foi quando o Freire entregou-nos um livro escrito por ele, sobre sua primeira viagem missionária ao Senegal. Nós descobrimos que a nossa foto estava nesse livro. Conforme o tempo passava, ainda não sabíamos onde e qual seria a nossa próxima missão. No final de 2010, estabeleci a agenda da minha saída da Igreja. A transição tem a duração de um ano para os novos pastores que se preparam para o ministério. No final de 2011, então, o meu papel como o pastor da Igreja era de deixar que outro pastor tomasse o comando. As pessoas continuam a perguntar-me onde seria nossa próxima missão, mas nós não sabíamos. Nós oramos. Durante essa reunião, eu disse a meus irmãos e irmãs: "É lógico que você vai perguntar pra mim para onde eu e minha família vamos ao sair daqui? E você tem todo o direito de perguntar isso. Mas eu quero sinceramente te dar a resposta: Eu não sei! Nós não sabemos! Meus olhos estão sobre meu Senhor, mais do que os olhos dos servos atentam para a mão de seu mestre, e os olhos de serva para a mão de sua senhora (Salmo 123). Então, eu sei que Ele vai nos levar, levou-nos ontem, Ele nos leva hoje. Sem dúvida, Ele nos conduzirá amanhã ... Aproveitamos Dele, e estamos à Sua disposição para levar-nos a todo este mundo que é sua propriedade. Ele é soberano. No entanto, se ele me perguntar em que país eu gostaria de ir, vou apenas dizer Camarões ... Eu não para onde vou de fato, mas ... nosso próximo campo missionário é uma questão de "andamos por fé, e não por vista "(2 Coríntios 5.07). Deus sempre nos leva um passo de cada vez ... O nosso próximo passo pertence ao Senhor". Estou tão feliz de estar certo!

Um dia em fevereiro de 2011, já estávamos no ano em que eu teria que renunciar ao meu cargo, Walter e Alzira Freire me convidaram para sua casa dizendo que eles precisam falar comigo. Eu estava convencido de que queria falar de seu ministério, particularmente, e de como organizá-lo na Igreja. Nós estávamos à mesa para comer. Enquanto comiam, eles anunciaram-me que pastor da igreja da China estava organizando a sua primeira conferência anual de missão, em junho, e eles estavam me convidando como o orador convidado. Eu imediatamente telefonei para minha mulher, em seu local de trabalho para informá-la e ela compartilhou a minha alegria. Quando os líderes da JMM ouviram que uma Igreja Batista estava vindo do Senegal para o Brasil, juntaram-se à Igreja de Osasco para organizar minha vinda. Deixei Dakar em um domingo, 29 maio de 2011. Foi um tempo grande, com diversas reuniões, estudo, descobertas, e mais importante a pregação da Palavra de Deus. Depois de dois meses de trabalho duro, minha viagem estava chegando ao fim. Na última semana, o pastor João-Marcos, diretor do JMM e Marynkellison Pastor, Coordenador Regional Africano marcaram uma data para mim, em 25 de julho. Naquele dia, em apenas alguns segundos e, em poucas palavras, o Pastor João Marcos anunciou que a JMM queria trabalhar comigo em Camarões. Em seguida, ele perguntou o que eu achava disso. Minha resposta foi clara: Sim! Ele, então, pediu-me para escrever a minha visão e submetê-la à diretoria da organização. Ele insistiu que a minha visão não devia ser escrita para agradar JMM, mas para agradar a Deus em primeiro lugar. Ele, então, me incentivou com exemplos de sua própria vida. Ele me contou como Deus tinha sido fiel a ele, e orou por mim. No dia seguinte eu estava deixando o Brasil. E no aeroporto que eu assinei meu contrato com JMM, com ao meu lado Pastor Mayrinkellison e Diego Santana de Oliveira, um jovem servo de Deus. Nosso Deus tinha realizado o nosso sonho no momento certo, com as pessoas certas, no lugar certo para a sua própria glória. Como já falei, Deus havia realizado seu sonho em nós. Tudo começou com uma conferência de missão em Osasco, que terminou com um contrato missionário com a JMM. Agora eu voltei para o Senegal, e tinha uma resposta a qualquer um que me perguntasse sobre nossa próxima missão: "Portanto, não vos inquieteis com

> o amanhã, pois o amanhã estará ansioso por si. Basta a cada dia o seu próprio mal", diz o Senhor Jesus (Mateus 6.33).
>
> Conclusão
>
> Quando eu olho, parece-me muito interessante ver como Deus finalmente percebeu nossos sonhos para se deslocar de Senegal para Camarões, locais tão longe do Brasil. Eu ainda me lembro de anos atrás agora, quando meus colegas Walter e Alzira vieram no Senegal. Tal como com muitos outros missionários brasileiros que compartilhamos muito e trabalharam junto, às vezes, com a Igreja eles estavam plantando em Guediawaye. Eu me lembro de como Walter e Alzira expressaram seu desejo de me convidar ao Brasil um dia. Tantos anos atrás. Walter e Alzira deixaram o Senegal para voltar ao Brasil logo em seguida, e foram Paris/França para trabalhar com os árabes ali, preparando-se para ir em um país árabe. Mas Deus trouxe de volta para o Senegal. Será que ele sabia que o sonho ainda não foi cumprido? Eu quero pensar que sim. Não é surpreendente que Deus realizou apenas com uma viagem de três coisas. Meu sonho de uma nova missão. O sonho de pastor China a convidar-me em Sua Igreja. O sonho de Walter e Alzira em me convidar ao Brasil. Agora eu posso entender o grande apóstolo Paulo, um pouco mais: "Ó profundidade das riquezas, tanto da sabedoria e do conhecimento de Deus! Quão insondáveis são os seus juízos, e quão inescrutáveis os seus caminhos" (Romanos 11.33).

Meu primeiro encontro com Pastor Pierre, Prudentienne sua esposa, e seus filhos foi inesquecível. Inesquecível, pois faltava energia naquele dia e o calor estava insuportável, inesquecível, pois como ele afirmou acima o almoço foi maravilhoso, inesquecível porque Walter e Alzira demonstravam grande entusiasmo em nos apresentar àquela família, mas principalmente inesquecível porque foi um encontro promovido por Deus. Foi gerado naquele encontro um amor especial, genuíno e espiritual. Após nossa volta ao Brasil sempre me lembrava do Pastor Pierre em minhas orações e mesmo a distância e falta de contato não foram suficientes para esfriar este sentimento.

Em novembro ou dezembro de 2010 o pastor Onésimo Freire, pai do Walter nos conclamou incentivando-nos a fazer uma conferência missionária na IEJA, houve aprovação do Conselho de Pastores e começamos a fazer os preparativos e contatos para o evento que seria realizado em julho de 2011. Tudo estava se encaminhando para que Walter e Alzira fossem os preletores oficiais, pois a data coincidia com as férias deles no Brasil, mas Deus já sabia que era tempo do pastor Pierre estar no Brasil.

Alguns poucos meses antes do evento em uma de nossas ligações, quando conversava com Alzira via skype, perguntei: "E o pastor Pierre não gostaria de vir ao Brasil?" Imediatamente Alzira respondeu: "Pastor China esse é um dos sonhos do Pastor Pierre: conhecer o Brasil". Ambos ficamos muito animados com aquela conversa, e hoje após o ler o depoimento do Pastor Pierre tenho convicção que dirigido pelo Espírito Santo eu disse a Alzira que conversasse com ele para que providenciasse os documentos necessários, pois aqui no Brasil eu faria todos os esforços para trazê-lo. Naquele momento expliquei a Alzira que não tinha autonomia para fazer o convite ao Pastor Pierre e muito menos tínhamos recursos disponíveis, mas me comprometi a buscar ajuda de outros amigos, pois senti que era algo de Deus. A Alzira também comprometeu-se a contatar a JMM (Junta de Missões Mundiais) intercedendo pelo apoio da JMM à vinda do Pastor Pierre.

O fato é que após alguns dias a presença do Pastor Pierre no Brasil foi confirmada, a JMM arcou com todas as suas despesas, ele viajou e pregou em vários estados do país, além de ser o Preletor Oficial em nossa Primeira Conferência Missionária. Ao final desta conexão no Brasil, como ele mesmo nos contou acima foi contratado pela JMM para estar como missionário em Camarões.

Tenho certeza que essa é uma história que só está começando na vida deste grande homem Deus. E hoje só tenho a agradecer a Deus por poder participar desta conexão, como é bom ser instrumento do Senhor. Ainda hoje conversava com um amigo que me dizia: "China não sou merecedor de tudo o que Deus tem me dado financeiramente." Eu disse a ele que não somos merecedores, não somos mesmo, eu também não sou merecedor, quero afirmar publicamente que não sou merecedor, não sou bonzinho ou mais santo do que ninguém. Deus poderia escolher outro filho para dar todos os recursos financeiros que meu amigo tem recebido, e poderia usar servos de Deus muito mais capazes do que eu para escrever esta história, mas a verdade é que somos instrumentos do Senhor, ou pelo menos podemos ser instrumentos de Deus se assim desejarmos. Costumo dizer que Deus como bom investidor sabe onde investir, se Ele encontra em nós disposição e disponibilidade para servi-lo certamente faremos parte de seus planos e seremos instrumentos em suas mãos. As histórias escritas por Deus em nossas vidas são lindas! Por isso me propus a escrever este livro, para que histórias como estas possam nos despertar a nos colocarmos à disposição do Senhor sendo instrumentos seus para bênçãos para outras vidas.

PASTOR PIERRE SENDO INTERPRETADO
POR WALTER EM CONFERÊNCIA
MISSIONÁRIA NO BRASIL

CONEXÃO RIO BRANCO

"Fale a favor daqueles que não podem se defender. Proteja os direitos de todos os desamparados. Fale por eles e seja um juiz justo. Proteja os direitos dos pobres e dos necessitados."
Provérbios 31.8,9

A arte de interpretar

Pois é, chegamos à última conexão antes de nosso segundo desembarque no Senegal em dezembro de 2012. Nesta conexão vamos finalmente conhecer a "Terra Prometida", título dado carinhosamente ao Estado do Acre por meu amigo Hilário Junior, acreano roxo que ama sua terra. Neste ponto de nossa viagem desejo usar mais uma vez o exemplo do encontro entre Jesus e uma mulher samaritana. A Bíblia nos relata que em determinado momento da conversa a mulher passou a conhecer não somente a Jesus (histórico, homem natural), mas passou a conhecer o Cristo (Filho de Deus, o Ungido). Essa revelação de quem estava falando com ela transformou sua existência, e o resultado é que imediatamente a mulher saiu para anunciar às outras pessoas sobre o salvador Jesus Cristo. Aquela mulher alcançou muitas pessoas, pessoas que não seriam alcançadas pelos discípulos, pois estavam excluídos do campo relacional dos discípulos de Jesus visto serem samaritanos. Temos aqui um grande princípio do Reino de Deus explicitado: Deus não faz acepção de pessoas! Jesus também veio para os excluídos, porém excluídos não no sentido que usamos, pois na verdade na essência essas pessoas não têm como adjetivação a exclusão; são excluídos por nós, pela sociedade que se diz "normal" por mim e talvez por você a partir do momento que não olhamos para determinados tipos de pessoas devido a algum tipo de limitação que possam ter. São excluídos não pelo que são na essência, mas por nosso olhar distorcido. Nesta conexão Rio Branco iremos conhecer uma turma muito especial, para que este encontro seja proveitoso precisamos de uma excelente intérprete, alguém que possa nos conduzir a acessar um grupo de pessoas com as quais a grande maioria de nós não se consegue se comunicar. Comunicação também é uma arte, é a arte de ligar pensamentos, ideias, sonhos e expressões. Comunicar bem é ouvir e ser ouvido e quando não conhecemos a língua da pessoa com a qual desejamos nos comunicar, somente um excelente interprete pode nos possibilitar uma comunicação eficaz. Interpretar uma linguagem não diz respeito somente à técnica, mas aos sentimentos à busca daquilo que está além dos sinais de linguagem, diz respeito à expressão, ao olhar, ao pulsar do coração.

Convido então nossa interprete Ianele Vital que irá nos contar um pouco de sua história de vida e de seu ministério entre pessoas com deficiência auditiva:

Relato de Ianele Vital

"Antes que te formasse no ventre te conheci, e antes que saísses da madre, te santifiquei, às nações te dei por profeta" (Jeremias 1.5).

É assim começa a grande e tremenda obra do Senhor na minha caminhada! Já no principio de toda a existência meu Deus já me tinha em seu coração e hoje tenho convicção que meu pai e minha mãe foram apenas os melhores instrumentos para concluir a linda obra de suas mãos me trazerem ao mundo para realização de seu propósito.

Sim foi diferente meu chamado, fui literalmente escolhida e selada desde o ventre da minha madre, relata minha mãe que durante os nove meses de gestação ela adquiriu Otite (é uma inflamação do ouvido: o espaço atrás da membrana timpânica) no qual gerou a perda total de sua audição. O mais interessante foi que ao meu nascimento foi restabelecida normalmente sua audição. E ao longo do meu crescimento minha mãe ainda não percebera os sinais de Deus e seu proposito na minha vida. Como toda boa adolescente tem seus momentos de questionamento, comigo tambem nao foi diferente... Por que vim ao mundo? Qual minha real função e proposito nesta terra? Mas afinal, quem sou eu? A partir dai fui-me indentificando comigo mesma, buscando entender em Deus meu valor, meu potencial e como ser util na vida de outras pessoas.

Comecei então a entender e buscar a vontade de Deus, confesso que não foi uma fase fácil mesmo, as pessoas da minha idade faziam coisas que não convinham, com tudo que fui ensinada não me encantava ser igual a elas, o diferente sempre me chamava atenção. Lembro com muito carinho do incentivo que sempre tive e tenho da minha mãe. Aos meus 13 anos de idade começei a descobrir que pessoas diferentes me faziam chorar, sorrir, entender melhor o sentido da vida, você que está lendo meu relato deve estar se perguntando como assim pessoas diferentes? Sim, vou explicar melhor... Começei a aprender uma nova língua totalmente diferente do meu convivio social, a lingua brasileira de Sinais – LIBRAS. Com o auxilio de Deus e da instrutora na época desenvolvi essa habilidade em duas semanas.

Começei a me aperfeiçoar, pois entendo que pra Deus temos que dar o melhor estarmos convictos e preparados para usar nosso intelecto pra sua glória. Mesmo muito jovem tive a certeza de tudo que minha mae teria passado durante minha gestação foi resposta do Senhor pro meu ministério hoje. Passei por muitos momentos dificeis rejeição, abandono, porém isso me fez forte me preparou pra vida, me trouxe amadurecimento; Deus me designou para algo dificil e o "dificil" na minha concepção é fazer com que seja o melhor, assim que entendo.

Jesus também foi perseguido, rejeitado, maltratado em sua vida ministerial, porém sempre teve DEUS a sua frente. Comigo é assim também, no momento de mais dificuldade ministerial ELE me fez forte tendo que apoiar, cuidar, tratar, aconselhar filhos espirituais rejeitados, desprezados pela sociedade por serem surdos. Isso me faz feliz, saber que O Senhor conta conosco apesar de nós.

"Momentos dificeis servem para nos tornarmos pessoas imbativeis", contudo entendo que Deus conta com pessoas frageis, debilitadas, que pro louvor da sua glória são restauradas. Recordo com muita satisfação de um casal – Hilario e Tatiiane – ambons foram intrumento do Senhor se posso usar esse termo foram o proprio JESUS na minha caminhada ministerial também.

Agora o detalhe de esse casal ter aparecido na minha vida foi a forma como os conheci, eles me presentearam com um livro (Treze anos em 13 dias – Diario de uma viajem...) do autor Paulo Azevedo. E este exemplar chegou até minhas mãos no momento de grande decisão mesmo. Recebi o livro e o guardei. Passaram-se exatamente um mês que a resposta do Senhor chegou até minha vida e eu não entedera ainda, foi quando uma bela tarde me veio a memoria _o livro_ nossa foi como "um estalo" de Deus. Procurei na minha biblioteca e começei a mastigar, isso mesmo me fascinei com a leitura me vi na viagem, chorei, chorei e chorei, cada pagina virada era como se o autor estivesse relatando meus sonhos e uma das coisas mais lindas que mexeu com meu interior foi a seguinte frase : "Para mim detalhes são como sementes, e o que determinará se haverá fruto é a terra onde estas sementes cairão!" Gente isso me fez entender verdadeiramente o quanto sou frutífera e que posso semear em boa terra mesmo. E detalhe: li o livro em apenas um dia... Realmente Deus usa pessoas como e quando quer.

Louvo ao Deus da minha salvação pelo árduo, lindo e extraordinário trabalho que Ele colocou em minhas mãos, amo as pessoas especiais "Surdas" elas são o reflexo da perfeita ação de Deus, cada uma com seu jeitinho especial de ser.

Fico feliz em relembrar tudo que o Senhor tem feito e fará através de mim, sempre estarei disposta a obedecer ao Ide do meu Senhor.

Chamo-me Ianele Vivianne Vital , 29 anos, tenho desenvolvido trabalho com surdos há 14 anos, sou graduada em Letras e pós – graduada em Educação de Surdos – Tradução e Interpretação de Libras, tenho duas lindas filhas presente do Senhor no meu ministério. E entendo que Deus escolheu este momento pra você que esta lendo meu relato a usar o que tens de melhor pra sua Glória, faça como eu diga sim ao chamado mesmo sem entender. Minha vida só tem e terá sempre o real sentido se eu estiver no centro da vontade do Senhor.

Esta conexão foi uma das mais impactantes nestes últimos quatro anos. Como o Hilário Junior relatou em capítulos anteriores nosso convite para ir ao Estado do Acre em 2012 tinha dois motivos principais: realizar dois encontros de casais e fazer o batismo de Hilário e Tatiane juntamente com o Pastor Roberto Casas. Nossa agenda estava programada em torno destes eventos além de aconselhamentos que faríamos a alguns casais, no entanto, quando chegamos ao Acre ficamos sabendo que alguém tinha informado nas redes sociais que: "O Pastor que trabalha com surdos estará em Rio Branco". Minha primeira reação foi dar boas gargalhadas, pois embora esteja há mais de quatro anos apoiando o Projeto Surdos do Senegal, nunca trabalhei com deficientes auditivos. Mas após as gargalhadas percebi que a coisa era séria, como é que eu poderia dizer que não trabalhava com deficientes auditivos, sendo que escrevi um livro que em parte falava sobre eles, e que inclusive todos os recursos financeiros do referido livro estavam sendo revertidos para o Projeto Surdos do Senegal?

Um dia após, em um sábado realizamos a primeira Oficina de Casais com o tema: Revitalizando a Aliança, na Comunidade Batista Acreana dirigida pelo Pastor Roberto Casas, ali comecei a ser impactado e a perceber a importância de tudo aquilo que estávamos fazendo no Acre. Entre os casais havia dois casais de pessoas com deficiência auditiva, e um fato me chamou a atenção, pois no período da tarde separamos o grupo das mulheres com a Inês e fiquei com os homens já que trataríamos de assuntos mais específicos, aí veio a questão: a jovem interprete me procurou pedindo para ficar entre grupo dos homens, pois teria que fazer a tradução para os dois homens com deficiência auditiva, enquanto sua amiga ficaria no grupo das mulheres. Informei ao grupo que haveria uma mulher entre nós, que o trabalho dela era necessário; todos concordaram em tê-la em nosso meio fazendo a interpretação. Para surpresa de todos nós os dois homens surdos fizeram contribuições de extrema relevância para o grupo (não posso aqui explicitar o teor dos depoimentos, mas acredite foram muito importantes). No final daquela reunião pudemos presenciar a ação do Senhor trazendo cura e restauração de sentimentos entre muitos casais. Eu não poderia imaginar a importância que aqueles irmãos com deficiência auditiva teriam naquele encontro.

No próximo dia, um domingo, no período da noite estive ministrando a Palavra no culto, creio que havia mais de 30 surdos no culto e alguns deles fizeram decisão por Cristo. Foi muito lindo vê-los entregando o coração a Jesus, e ao final nos abraçando e conversando conosco.

Naquele fim de semana, Ianele nos contou sua história, disse que por um período de tempo esteve afastada do ministério com os Surdos, mas como de maneira especial através da leitura do meu primeiro livro 13 Anos em Treze Dias ela foi tocada pelo Senhor e atendendo ao Seu chamado voltara ao trabalho com um deficiente auditivo e agora já estava ali com dezenas deles, discipulando-os e transmitindo a eles a Palavra do Senhor.

Choramos juntos e agradecemos ao Senhor por aquela maravilhosa conexão, mas isso ainda não era tudo. O grupo queria uma reunião específica só com eles. Foi muito legal! Marcamos para terça, e eu ficava pensando sobre o que iria ministrar, nunca eu havia preparado uma Palavra especificamente para pessoas com deficiência auditiva, mas enfim chegou o dia, tenho certeza que não conseguirei descrever o significado daquele encontro, o que posso dizer é que a Presença de Deus era quase que palpável. Durante toda a ministração da Palavra de Deus a Inês estava chorando, tomada de emoção e comoção pelo significado daquele encontro. Ianeli interpretava minhas palavras de uma forma indescritível, ela estava cheia do poder de Deus, o grupo com olhos fixos, lágrimas em alguns, sorrisos entre outros, e entre si discutiam sobre aquilo que estavam "ouvindo". Eu dizia que Deus os tinha escolhido para anunciarem sobre o amor dEle a outras pessoas com deficiência auditiva, eu disse que eles foram criados a imagem e semelhança do Senhor e que Deus os via com grande importância em seus planos. No meio da pregação um deles se levantou, começou a dizer que era tudo verdade aquilo que eu pregava. Ele se expressava veementemente despertando todos a darem crédito àquilo que estava sendo pregado. Ao final foi uma comoção total! Abraçamo-nos, oramos juntos, ungi a todos, eles impuseram suas mãos sobre mim e Inês também orando por nossas vidas. Creio que nunca mais esquecerei aquele encontro.

Meu olhar foi transformado a partir daquele dia. O que percebi é que eu desejava pessoas surdas salvas, mas ainda não sabia da importância de não somente tê-las em nossos cultos, mas de partilhar com elas minhas experiências e poder também investir tempo as ouvindo, escutando aquilo que desejam falar. Na verdade todos nós queremos ser respeitados e fazer parte dos grupos sociais de forma integral, nesse sentido as leis são limitadas, pois garantem acessibilidade, mas a inclusão real depende de cada cidadão, depende de cada um nós. Essa realidade também se transporta para o meio religioso, precisamos estar atentos a essa questão. Como exemplo gostaria de citar a Igreja Batista em Dakar onde Walter e Alzira implantaram ministério com surdos, nesta igreja todos os domingos toda a igreja aprende cerca de cinco sinais na linguagem de sinais, ou seja, ao longo de um tempo todos os membros serão capazes de se comunicar com o grupo de deficientes auditivos e eles não serão um grupo isolado no meio de um grupo maior.

As conexões preparadas por Deus têm esta função, a de transformar e ampliar nosso olhar, nossa forma de ver o mundo, as coisas, as pessoas. Espero que após essa leitura você também possa repensar seu relacionamento com o próximo, seu olhar, suas perspectivas.

GRUPO DE DEFICIENTES AUDITIVOS NO ACRE

IANELI VITAL INTERPRETANDO PASTOR CHINA EM MINISTRAÇÃO AOS DEFICIENTES AUDITIVOS DO ACRE

DESTINO FINAL DAKAR - A SEGUNDA VIAGEM

"E o Senhor Deus lhe dará um sinal para provar que vai cumprir a sua promessa."
Isaías 38.7

Sinais

Três anos e meio já haviam passado e meu coração estava apreensivo. Eu tinha convicção que era tempo de retornarmos ao Senegal para que um ciclo fosse completado. Como disse meu amigo pastor Pierre: "Deus contempla e realiza nossos sonhos" É maravilhoso quando estamos certos disso, pois nossa alma sai da aflição para o descanso do Senhor. Foi desta maneira que me posicionei diante do Senhor.

Em dezembro de 2011 em um dos cultos de terça a tarde, o Pastor Adolar Missé em sua mensagem ao grupo de Senhoras nos desafiou a escrevermos nossos pedidos diante do Senhor. Um dos meus pedidos ao Senhor foi que nos permitisse voltar ao Senegal segundo sua vontade. Lembro-me das orações que fazíamos nas tardes de terça durante o ano de 2012, eu sempre pedia que o Senhor enviasse sinais que pudessem aprovar nossa viagem e que estes sinais também fossem claros à nossa liderança, para que pudéssemos viajar sob a cobertura e apoio de nossa igreja. Quando há uma aprovação clara do Senhor temos paz em nosso coração e há testificação no Reino Espiritual. Que maravilhoso poder depender do Senhor, Ele é o Senhor do tempo, dos recursos e Senhor da Igreja.

Em meados de 2012 recebemos uma ligação do pastor Mayrinkellison que é o líder responsável da JMM por vários países com maioria mulçumana na África, dentre eles o Senegal. Não nos conhecíamos, mas houve uma identificação imediata, uma amizade firmada no Senhor. A preocupação da JMM não é somente com o trabalho dos missionários, mas também com suas vidas pessoais, e nesse sentido pastor Mayrinkellison apontou como seria importante nosso retorno ao Senegal para levar um novo ânimo aos missionários brasileiros. Lembro-me daquele café que tomamos com muita alegria, pois a até a data que eu tinha colocado diante de Deus como alvo para nossa viagem foi confirmada (10 de dezembro de 2012).

Aquele encontro foi o sinal de Deus, a partir daquele dia tive a certeza de que voltaríamos ao Senegal levados pelo Senhor, pois era propósito dele fazer isto. Quando temos essa certeza e sinais do Senhor nada nos impede, você não fica abismado em meio as dificuldades que vêm no meio do caminho, pois há uma convicção: DEUS ESTÁ À FRENTE. Foi isso que aconteceu, o Senhor foi à frente. Você poderá ler abaixo o relato de minha esposa Inês que tem compartilhado há quase 25 anos minhas lutas e vitórias no ministério, sem ela não poderia realizar a missão que Deus tem colocado em minhas mãos:

Relato de Inês

Seria impossível descrever todas as emoções que vivi nesta viagem, pois emoções são vividas no momento, existem experiências que considero indescritíveis, para eu descrevê-las é um grande desafio, mas vamos tentar:

Acreditávamos que o momento de retornar ao Senegal havia chegado, Juntamente com essa ideia havia o desafio de levantar os recursos financeiros. Não tínhamos dúvidas que para Deus nada seria impossível, no entanto, entendemos que certas estratégias seriam fundamentais para concretizarmos nosso sonho, mesmo porque, nosso tempo era apertado. Desde o princípio pensávamos em envolver os amigos, igreja e família nesse projeto, já que conhecem nosso trabalho no Senegal com isso considerávamos importante que estivessem participando de forma direta com nossa viagem e não só compartilharem com as boas novas que com certeza traríamos. Cerca de quarenta dias antes da data do meu aniversário (02 de novembro de 2012) surgiu a ideia de realizar um jantar beneficente, foi o que fizemos. Comecei a contatar algumas pessoas amigas, que me deram sempre uma resposta de generosidade, prontidão, disposição e amor. Isso me fez sentir segura para contar com esse apoio também. Toda essa ajuda de várias pessoas me fez perceber que temos em nossas mãos condições para fazermos o que quisermos basta nossa disposição. Nada é por acaso, acredito muito na amizade sincera, na troca e na reciprocidade.

E aqui começa uma sucessão de milagres que Deus nos proporcionou. Tenho convicção que quando estamos envolvidos para fazer a vontade do Pai, as barreiras se tornam transponíveis, as pessoas envolvidas mostram-se solícitas e a amizade que acredito sincera e recíproca faz toda a diferença. Tudo do jantar foi suprido de forma maravilhosa; refeição, decoração, mesa de frutas, enfim tudo muito agradável. Podemos considerar que os recursos financeiros levantados nesse jantar deram o pontapé inicial para comprarmos as passagens para o Senegal. Sem contar no prazer de ver as pessoas se movimentarem em prol de uma causa nobre, por amor àqueles quem elas não conhecem, não temos condições de citar nomes, mas você que esta lendo esse livro e de forma direta ou indireta contribuiu com esse evento, fica aqui registrada minha imensa gratidão.

Correndo de um lado para outro para organizar nossa vida que no Brasil ficaria e os preparativos de nossa viagem, recebemos uma notícia que mexeu muito com meu emocional, nos dias que estaríamos no Senegal seria a colação de grau da nossa filha mais velha Laís, a conclusão e transição seriam momentos marcantes para ela nos quais considerávamos importante nossa participação. Papai... o que fazer? Passagens compradas, tudo programado, não poderíamos voltar atrás, mas a certeza que Deus tinha o controle de tudo trouxe paz ao meu coração, foi então que o Espírito Santo consolou-nos. Conversamos com nossa filha que prontamente entendeu e perdoou nossa ausência.

Mesmo com a emoção a flor da pele, prosseguimos na arrumação das malas, sabemos que quando vamos fazer uma viagem para fora onde encontraremos com brasileiros, gostamos de levar certas coisas das quais eles sentem falta vivendo em outro país. Bom, para resumir, nossa bagagem era um "delivery Brasil", conseguimos saciar a vontade dos missionários com algumas iguarias que levamos, de panetone a salame, de guaraná a farofa as malas foram lotadas. Sinto muito prazer nisso, gosto de ver a alegria nos olhos das pessoas quando estão com saudade de algo ou alguém e vê-las supridas dessa falta.

Enfim chegamos ao Senegal, tudo transcorreu muito bem, fizemos visitas das quais saímos muito enriquecidos. Embora estivéssemos longe dos filhos o que para mim é algo muito difícil, a paz de Deus e a certeza de estar no lugar que ELE queria, me confortava. Sentia alegria do Senhor em conhecer cada um, dentro de mim nasceu uma amizade, amor, carinho e uma compaixão. Em cada lugar que passamos estava convicta de que era a vontade de Deus, e que Ele nos queria ali. Em uma de nossas visitas a um casal de missionários depois de conversarmos e orarmos juntos ouvimos a seguinte frase: "Vocês foram a boia que Deus nos mandou!", essa palavra penetrou dentro do meu coração e logo pensei na misericórdia de Deus em nos usar e o quanto o Reino de Deus está carente de pessoas dispostas, não que seja fácil, mas a recompensa é incomparável às dificuldades.

Antes de sairmos do Brasil já havíamos agendado algumas programações, dentre elas uma tarde da beleza com as missionárias, toda mulher sabe o quanto isso é prazeroso, poder ter algumas dicas de pele e auto maquiagem. Iniciei falando sobre o livro de Ester que para mim têm dicas fundamentais de como uma mulher pode ser bela, inteligente e acima de tudo serva de Deus. Foi maravilhosa a troca de experiência e amizade. Os momentos que passamos juntas foram muito especiais para resgatarmos a autoestima que as vezes consideramos perdida devido as lutas e desafios da nossa vida.

Intensos é como posso definir os dias que passamos em Senegal, não dá para descrever o quanto fomos abençoados. Quando pensamos que estamos levando algo, Deus nos surpreende porque não voltamos de mãos vazias, essa viagem acrescentou em nossas vidas, somos privilegiados, é dessa forma que vejo, poder nos relacionar com pessoas comuns como nós, porém que deixaram sua terra natal, por amor e obediência a

Deus para levarem o evangelho a um povo ao qual eles mal conheciam, isso só tem a enriquecer nosso ministério.

Agradeço a todos missionários que nos acolheram de forma carinhosa, pelo respeito e amizade que construímos. Walter, Alzira e Sâmya que nos proporcionaram esses ricos momentos que não só têm validade nessa terra, mas têm peso eterno, onde a traça e a ferrugem não irão consumir.

Concordo muito com as palavras da Inês quando diz que somos privilegiados, de fato o Senhor tem nos presenteado com encontros inesquecíveis. A partir do momento que começamos a mobilizar as pessoas para o jantar de aniversário beneficente nossa alegria foi se ampliando, como é bom compartilhar nossos desafios e ver as pessoas envolvidas com o mesmo propósito. Quando isso acontece o agir de Deus se dá em abundância. Nossa ideia não era só de levantar recursos para as passagens, mas também de proporcionar algum tipo de conforto a mais aos missionários nos dias que estivéssemos no Senegal. Sabemos que o Espírito Santo tocou no coração de cada um que contribuiu. Pagamos as passagens, levamos diversos desodorantes e presentes para os homens, levamos kits de maquiagem importados para as mulheres, preparamos uma Ceia de Natal maravilhosa, além de podermos ofertar nas igrejas que visitamos e levar missionários para almoçar fora. Isso só pode ser um grande privilégio! Poder levar "Água Fresca" àqueles que necessitam, poder responder aos propósitos do Senhor.

"De modo que não importa nem o que planta nem o que rega, mas sim deus, que dá o crescimento. Pois não existe diferença entre a pessoa que planta e a pessoa que rega. Deus dará a recompensa de acordo com o trabalho que cada um tiver feito."
I Coríntios 3. 7 a 9

O Projeto Surdos do Senegal

Esta viagem não teria seria completa sem o depoimento de Walter e Alzira Freire, percorremos várias terras, fizemos muitas conexões e conhecemos pessoas muito especiais, mas faltavam as palavras de nossos amigos. Na verdade eles têm uma grande participação desde o Livro 13 Anos em Treze dias e agora nesta obra que junto escrevi com tantos amigos queridos. Walter e Alzira são nossos grandes anfitriões em toda essa viagem, sem eles não teríamos um destino final para nossa viagem e nem objetivos que serviram de pivô para tudo que ocorreu nesses quatro anos. O Walter tem um jeito calmo e sábio inspira confiança, confiança que ele demonstra a todo tempo no Deus a quem serve, Alzira por sua vez é decidida, ousada, guerreira, os dois formam uma forte equipe. Conviver com eles é um aprendizado, um grande privilégio.

Na verdade eles têm muitas histórias para contar, são especialistas em conexões e encontros. Minha oração é que ao tempo certo possam compartilhar com muitos outros jovens missionários sobre a vida no campo. Nesses últimos dias falei muito sobre os encontros transformadores e deixo aqui registrado meu agradecimento, pois eles são responsáveis por muitas transformações em minha vida.

Walter e Alzira têm trabalhado para deixar um legado aos surdos do Senegal. O trabalho que fazem é pioneiro, desbravador e lento, extremamente lento devido a inúmeras dificuldades culturais, financeiras e espirituais, etc., etc. Além de aprenderem a língua oficial (Francês), o dialeto local (Uolofe) e a forma de pensar do Senegalês, o trabalho com surdo exige que se aprenda também a língua de sinais, pois é nesta língua que é utilizada a comunicação com os surdos e também como se dá o pensamento do surdo no Senegal, que certamente é muito diferente do surdo no Brasil, por exemplo, devido às diferenças culturais. Dá pra imaginar quantos neurônios são comprometidos com tantas informações? Eles têm permanecido fieis aquilo para o que Deus os chamou, e isso é muito importante, pois quantos projetos se iniciam, mas são abandonados devido às dificuldades. Temos várias lições para aprender nesta conexão nas ruas de Dakar, talvez a maior delas seja sobre perseverança. Quando não se tem um lugar determinado para chegar qualquer lugar serve, mas não é assim que Deus trabalha, Ele tem foco certo e para mim está muito claro que Deus deseja alcançar muitos surdos no Senegal. Estes surdos têm vindo de várias partes do país, estão se achegando e sendo acolhidos por igrejas que foram e estão sendo treinadas por Walter e Alzira. Vamos ouvir um pouco daquilo que têm para nos contar sobre o Projeto Surdos do Senegal:

Relato de Walter e Alzira Freire

2008 foi um ano interessante para nós, estávamos deixando o Projeto Radical, voluntários sem fronteiras, para nos dedicarmos ao ministério entre os surdos do Senegal.

Embora tivéssemos trabalhado com surdos no Brasil antes de sairmos para o campo transcultural em 1995, os surdos como grupo não alcançado sempre esteve em nossa mente. E foi encontrando muitos surdos nas ruas do Senegal, que o Senhor nos despertou novamente para este desafio. Iniciamos com uma pesquisa de campo, aprendemos a linguagem de sinais do país, nos integramos a uma escola de surdos, para aprender, entender a cultura do surdo do Senegal.... A cada dia era mais forte a convicção de que Deus quer alcançá-los!

A primeira necessidade que encontramos foi a escolarização dos surdos. Como levá-los a Cristo ou ajudar na profissionalização se não sabem ler, nem escrever ou mesmo usar a linguagem de sinais?

Levamos o desafio a nossa Missão (JMM- Junta de Missões Mundiais) que prontamente aprovou o projeto, agora teríamos que levar os desafios as Igrejas. Recebemos então um e-mail do Pr. China compartilhando o desafio que Deus havia colocado em seu coração de usar a música em Missões, seu coração estava voltado par as crianças da

África e perguntou se poderíamos ajudar, dissemos que sim e que havia vários projetos com crianças no país.

Convidamos a vir ao Senegal para ver, entender o que é o trabalho nesta região da África subsaariana, onde aproximadamente 96% da população é muçulmana.

Em meados de setembro de 2008, lá estava o casal pisando em terras africanas, nãos nos conhecíamos muito bem ainda, mas ao buscá-los no aeroporto a empatia foi imediata e motivo de muitas risadas, especialmente pela entrada triunfal do Pr. China beijando o solo africano depois de tropeçar nas malas, que eles nos contaram e relataram no livro "13 anos em 13 dias", rimos muito naquele dia... Fizemos uma agenda para que pudessem conhecer ao máximo, vários missionários, Projetos, aldeias, comida, etc... Foram dias intensos, sem muita energia elétrica, um calor escaldante... uma "benção"!

Por último visitamos a escola de surdos que trabalhávamos, ajudaram na pintura e limpeza da escola, que foi um impacto muito grande na comunidade, nos abriu ainda mais as portas e ali estamos trabalhando até hoje.

Retornando ao Brasil o livro foi lançado, a IEJA adotou os 10 primeiros surdos para escolarização. Muitas pessoas começaram a orar, investir e com a venda dos CD's e livros foi ofertado uma boa parte do valor do terreno para o Centro de Profissionalização dos surdos que está em andamento.

Hoje, o Projeto já tem, na Igreja, uma equipe de 11 pessoas treinadas, que compõem o ministério entre os surdos, implantado na Igreja de Dakar. Uma nova classe de linguagem de sinais com aproximadamente 29 pessoas.Uma pequena classe pré-escolar no programa PEPE (Programa de Ensino Pré Escolar) na cidade de Mbour.

No natal 2012 Deus nos deu um grande presente, dois surdos aceitaram Jesus e já se preparam para o batismo... frutos de trabalho com muita intercessão e ação da parte daqueles que investem e se mobilizam para que vidas sejam salvas.

Um novo missionário, recém-chegado no Senegal veio nos visitar e falando sobre nosso Projeto entre os surdos aqui, ele nos disse: - Vocês precisam conhecer um casal de brasileiros aqui que já trabalham com surdos. Nós dissemos que não conhecíamos... Então ele nos disse: - Tem sim, li um livro sobre a África lá em Belo Horizonte falando de vários missionários e projetos daqui... "13 anos em 13 dias", que livro bom rapaz! Li e indiquei a outros!!!... Rimos depois que ele descobriu que éramos o casal mencionado no livro, e ficamos muito felizes, pois com isto muitos tem se despertado por missões e orado pelo Senegal.

Uma segunda visita foi feita... Águas Frescas chegaram ao Senegal... Em um momento bem oportuno... a comunidade missionária tem sofrido com a prisão de dois colegas no campo, foi um tempo muito abençoado e abençoador, organizamos uma tarde da beleza onde Inês pode compartilhar com um grupo de missionárias , como esteticista, nos dar dicas, foi muito joia, concluímos mais uma vez que as mulheres são iguais em qualquer parte do mundo... Todos gostam e precisam se sentir belas! Puderam também encontrar alguns casais de missionários em particular e depois tivemos um Encontro com vários casais. Foi uma benção. Fazia tempo que não víamos um encontro como este para falar de casamento, família, foi muito agradável e edificante.

Pensamos que o Pr. China e Inês, ainda na primeira visita ao Senegal, logo entenderam que nós missionários não somos super-heróis... Que temos lutas, crise conjugal, preocupações com educação dos filhos, etc... Como toda família tem... A diferença é que vivemos em um contexto transcultural, onde algumas necessidades sentimentais ou emocionais não são 100% supridas devido às diferenças culturais. Incluindo também a questão espiritual, a pressão ou a opressão é grande, é preciso pessoas que entendam este contexto.

Estamos certos de que precisamos estar bem como família para abençoar as outras famílias da terra.

Ficamos realmente felizes pela visão das pessoas que os apoiaram a vir, não pra ver o "trabalho",... Mas os "trabalhadores".

Pr. China, Inês...

Somos gratos a Deus pela vida de vocês, pelos seus filhos que os dividem conosco nestas viagens, pela Igreja, intercessores e mantenedores que os enviam até nós... Por poder ser ou ter sido esta ponte entre vocês e a África! Que o Senhor continue a abençoar a caminhada de vocês em Missões e entre os missionários!

Com muito carinho,

Walter, Alzira e Samya Freire

Projeto Surdos do Senegal / Dakar

Nossa missão principal nesta viagem não era visitar os projetos como fizemos da primeira vez. Nosso foco eram as pessoas, mais especificamente os missionários brasileiros, mas não poderíamos deixar de visitar alguns locais como a Escola de Surdos de Thies, aquela que havíamos ajudado a reformar há quatro anos. Este dia para nós foi especialmente emocionante, pois quando chegamos à cidade percebemos que o caminho era diferente, diferente pois uma nova escola foi construída em outro local. Eu e Inês ficamos extremamente felizes ao ver aquele novo prédio, muro texturizado, portões pintados, carteiras e mesas novas e muitos alunos. Que delícia. Não deu pra conter as lágrimas. Que presente de Deus!. O diretor da escola senhor Samb, nos levou a sua sala, fez questão de agradecer diversas vezes pela ajuda enviada para o sustento da escola. Ele nos mostrou o quadro de um oficial do exército que estava na parede, explicou que aquele oficial que representava uma ONG alemã ao ver a seriedade do Projeto decidiu construir uma Escola para os Surdos.

As salas estavam cheias de crianças que nos abraçavam e queriam tirar fotos, o diretor passou com eles algumas lições no quadro negro mostrando como é a didática trabalhada no ensino aos deficientes auditivos. Junto com o diretor da JMM, meu amigo pastor Mayrinkellinson, eu, Inês e Alzira distribuímos biscoitos de chocolate para a garotada enquanto Walter tirava as fotos. Algumas meninas reconheceram a Inês, há quatro anos haviam feito trancinhas no cabelo dela, atualmente estão sendo preparadas para dar aulas aos alunos mais novos.

Após termos conhecido todas as salas de aula o diretor chamou os professores, pediu para que dessem seu depoimento de como estavam felizes por ter salário e poderem continuar o trabalho de professor (nosso sistema de adoção visa subsidiar o salário de professores, pois sem salário precisavam deixar a escola para trabalhar em outras atividades que lhes garantissem a subsistência, ou seja, a escola literalmente fechava). Distribuímos presentes para eles, foram momentos maravilhosos.

No final de nossa conversa o diretor senhor Samb que é um mulçumano praticante agradeceu imensamente a Walter e Alzira, pois os considera como grandes amigos, disse a eles e a nós que as portas estão abertas, Alzira continua dando aulas semanalmente na escola de Thies. Não há palavras para agradecer ao Senhor por aquilo que tem feito naquele lugar. Meu desejo é compartilhar esta alegria com você meu leitor e especialmente com todos aqueles que têm contribuído e intercedido pelos surdos do Senegal. As sementes que temos lançado naquele país estão começando a despontar. Ainda será necessário muito cuidado e um tratamento adequado para que possam se tornar árvores fortes e passarem a gerar frutos viçosos, mas a primeira parte que é preparar a terra e lançar boas sementes, essa tem sido feita com sucesso.

No dia seguinte fomos a inauguração da Igreja Batista em Mbour liderada por pastor Ronaldo e sua esposa Ana Paula, lá também pudemos nos alegrar imensamente não somente com o lindo templo construído com doações de igrejas brasileiras, mas também pelas salas de educação feitas com extrema excelência no andar térreo. Uma das salas foi totalmente preparada para receber diversos surdos da região, atualmente Alzira tem trabalhado na formação de professores cristãos que além de alfabetizarem ensinam a Palavra de Deus às crianças surdas da região. Foi um dia muito gostoso, muitos louvores, uma pregação abençoada e um grande almoço à moda Senegalesa.

Para completar o fim de semana Corinthians campeão!!!!!!!!!!!!!!! Me perdoem os anticorintianos. Brincadeiras à parte, mas preciso registrar esse fato de extrema importância, pois tenho filhos corintianos e todos lamentamos por não podermos assistir juntos ao jogo da final. Não entenda isso como fanatismo, mas como um momento de convivência entre família. Aliás, falando de momentos importantes amplio um pouco mais este parêntesis para honrar nossos filhos Laís e Guilherme e agradecer grandemente aos amigos e parentes que cuidaram deles em nossa ausência. Honro a meus filhos por sua compreensão e cumplicidade em nosso trabalho ministerial, quando precisamos viajar, eles também são obrigados a abrir mão do conforto do lar, também têm que fazer as malas e com certeza abrem mão de sua privacidade. Desta vez nossa viagem teve mais um agravante pois na semana que fechamos as passagens a escola da Laís informou a data de sua formatura no ensino médio, infelizmente foi durante os dias da viagem. Ficamos muito chateados, é um momento tão importante de mudanças, de emoção e conquista no qual não pudemos estar presentes. Nossa filha em nenhum momento fez alguma reclamação, mas sabemos que para ela também não foi fácil. Agradecemos ao Senhor pelos filhos que Deus nos deu, pois são sensíveis e compreensivos quanto ao nosso chamado ministerial.

Bom, mas voltando ao Corinthians, digo, ao nosso fim de semana, no domingo de manhã fomos ao culto na Igreja Batista de Dakar (igreja onde Pastor Pierre foi pastor), foi muito bom rever irmãos, conhecer o novo pastor Moise e conhecer toda a turma do ministério com surdos da igreja. Que alegria!! Tiramos fotos com todo o pessoal, inclusive com os dois agora irmãos em Cristo, surdos que uma semana após entregariam o coração ao Rei dos Reis e Senhor dos Senhores.

Como já disse anteriormente, esta igreja tem amado de tal maneira os surdos no Senegal que em todos os cultos aprendem sinais para se comunicarem com os surdos, ou seja, a igreja inteira se preocupando em abraçar essas pessoas tão especiais para Deus.

Nossa frustração ainda tem sido a compra do terreno, a sede própria do CASS Centro de Apoio ao Surdo do Senegal, os preços subiram muito em Dakar que é um lugar estratégico para que as pessoas possam ter condução disponível para várias cidades no entorno. Mas o problema não é somente o preço, mas a legalização dos imóveis, questões jurídicas bem como as altas despesas com taxas ao governo para transferir o dinheiro do Brasil para o Senegal. Este sonho ainda está por acontecer, percebemos o ardente desejo de nossos amigos em comprarem este local que será estratégico para alfabetização, profissionalização, mas principalmente para evangelização. Continuamos orando e crendo que Deus tem o melhor preparado e que esse tempo será em breve. Novamente destaco a importância da perseverança! Todos nós precisamos permanecer firmes neste propósito, tanto os que estão no campo quanto aqueles que intercedem e contribuem. Esse trabalho é responsabilidade de todos nós!

Hoje podemos dizer que o trabalho com os surdos do Senegal já não é mais um projeto e sim uma realidade. São inúmeros os desafios desse trabalho, pois reconhecemos a grande resistência espiritual, as dificuldades financeiras e a carência de pessoas que se disponham a trabalhar com os deficientes auditivos. Espero que você, meu leitor tenha sido despertado a contribuir financeiramente com o Projeto Surdos do Senegal, e também a ser um intercessor. Aliás, uma das maiores necessidades é a intercessão. Cremos que nossa vitória só pode se dar através da intercessão do corpo de Cristo na terra.

"Eu, o Senhor, sempre os guiarei; até mesmo no deserto, eu lhes darei de comer e farei com que fiquem são e fortes. Vocês serão como um jardim bem regado, como uma fonte de onde não para de correr água."

Isaías 58.11

Água Fresca

A promessa do versículo que dá início a este capítulo nos segue já há alguns anos. Por diversas ocasiões através de pessoas diferentes, pregações e orações de pessoas com as quais não tínhamos convivência o Espírito Santo de Deus vem falando sobre nosso chamado para levar águas onde há deserto.

Vimos mais uma confirmação de Deus com relação a esta palavra quando anunciamos a nossa segunda viagem ao Senegal. Ao procurarmos a Fátima (esposa do Selmo responsável pelo relato na primeira Conexão Espanha) para contar sobre nosso desafio de levantar recursos para a segunda viagem, ela se dispôs a criar um projeto que pudesse ser usado como meio de comunicação para que as pessoas pudessem entender qual eram nossos objetivos na segunda viagem ao Senegal. Explicamos todos os pontos, e após alguns dias de trabalho Fátima nos apresentou o "Projeto Água Fresca", puxa! Que alegria! Houve uma identificação com o título proposto pela Fátima, de imediato fomos remetidos novamente a Palavra de Isaias 58:11 que tem nos alimentado e dirigido por tantos anos. Certamente o Espírito Santo dirigiu a Fátima confirmando nossa missão no Senegal.

Alzira e Inês relataram alguns encontros no Senegal nos quais pudemos levar "Água Fresca". Em respeito à privacidade dos missionários não seria ético expor o conteúdo de nossas conversas e aconselhamentos realizados durante esses dias, no entanto, o que posso dizer é que como sempre O Senhor cumpriu sua promessa.

Todos precisamos de "Água Fresca", todos passamos por momentos nos quais precisamos de uma palavra amiga, de um ombro para chorar e de amigos que orem por nós. Noemi pôde contar com o apoio de Rute no momento de luto, Ester pediu que o povo jejuasse com ela para que tivesse estratégia no momento decisivo de sua vida, Jesus pediu a companhia de seus discípulos no momento de angústia. Missionários não são diferentes de nós. Eles não são super heróis destemidos e dotados de super-poderes que lhes permitem passar por cima de suas emoções e limitações. Assim como eu e você o missionário também é dependente do Senhor, talvez a diferença que traz um maior agravante seja a distância, a ausência física de familiares e irmãos em Cristo que lhes permitam compartilhar mais rapidamente suas angústias e temores.

Chegamos no Senegal em um momento de angústia e tristeza para os missionários, um momento onde dois deles se encontravam presos, percebemos que todos estavam muito sensibilizados com aquela situação. Não sabemos quais os propósitos do Senhor através desta situação, mas entendi que aquele difícil momento levou a comunidade missionária à unidade em oração, a uma aproximação maior. Fomos enviados àquele país no tempo certo de Deus para levar palavras de esperança, de descanso e refrigério, levar a alegria e o abraço que cura. O Senhor concedeu este dom a Inês, o dom de abraçar de trazer cura e consolo através do abraço. Todas essas experiências têm nos levado a refletir sobre a compaixão, a solidariedade e amor ao próximo. Só dá para amar tendo atitudes de amor.

Uma expressão muita usada em missões é: "alguém precisa segurar a corda", ou seja, os missionários são aqueles que descem a lugares difíceis; a igreja por sua vez é quem segura a corda. Fico pensando que também há uma corda emocional, de afetividade, de carinho que precisa ser segurada e estendida às pessoas que trabalham no campo missionário. Agradecemos a Deus por nos usar neste sentido.

Nestes últimos momentos de nossa viagem espero ter um encontro com alguns leitores, talvez você seja um deles despertado por este capítulo a oferecer a corda emocional. Há muitas pessoas ao nosso redor precisando mais do que um tapinha nas costas, ou uma frase vazia como "vou orar por você". Pessoas precisam de toque, de cheiro, de abraço enfim de contato que lhes permita sentir que são queridas, amadas. Sei que há um grande desafio entre meu discurso, que pode ou não ser vazio, e a prática real do evangelho; mas creio que neste momento o Espírito Santo de Deus está confrontando a todos nós a sermos pessoas mais preocupadas com o próximo.

No último dia de nossa segunda viagem ao Senegal, exatamente no último jantar ouvimos de missionários o seguinte: "Agradeçam a todos! Agradeçam a seus filhos por compartilharem vocês conosco! Agradeçam a Igreja que os enviou! Agradeçam todos que contribuíram com essa viagem! Eles não sabem o quanto isso é importante para nós!"

Quantas outras centenas de famílias de missionários também estão precisando desta corda emocional? Não podemos lembrar daqueles que enviamos somente como um número na contabilidade da igreja, ou para anunciarmos rapidamente nos cultos que eles precisam de oração. A igreja precisa suprir também as necessidades emocionais destes irmãos que estão no campo. Creio que podemos ser melhores! Ações como ligações, envio de cartas e mensagens, transmissão de cultos ao vivo(onde possamos também contar com a participação dos missionários on-line) envio de pessoas em programas de férias em missões podem ser valiosas contribuições e "Água Fresca" para os missionários. Que o Senhor possa despertar outras pessoas a realizarem projetos "Água Fresca" dentro e fora de nosso país.

Por isso destacamos durante todo o percurso de nossa viagem a importância das conexões, dos encontros e das pessoas com as quais nos deparamos na caminhada da vida. Ora, em concordância com o texto citado acima a bíblia também diz que aqueles que andam em espírito são guiados pelo Espírito Santo de Deus isso indica que se estivermos sensíveis ao caminho que Deus tem indicado para andarmos certamente faremos conexões e nelas nos encontraremos com pessoas que transformarão nossa existência e essas também serão transformadas por nós através da ação do Espírito Santo. Aqui me vem à mente o pensamento central da mensagem de Jesus: "Amar a Deus acima de todas as coisas, e ao próximo como a si mesmo!"

NOVA ESCOLA DE SURDOS DE THIÉS
INÊS, PASTOR CHINA E SENHOR SAMB (DIRETOR DA ESCOLA)

PROFESSORES DA ESCOLA DE SURDOS DE THIÉS

MINISTÉRIO DE SURDOS DA IGREJA BATISTA DE DAKAR

MISSIONÁRIOS BRASILEIROS NO SENEGAL

TARDE DA BELEZA COM MISSIONÁRIAS DO SENEGAL

REFLEXÕES

Viagens e conexões da vida

Ao fim de qualquer viagem a gente sempre busca um tempo de reflexão. Nesse tempo revemos fotos, lembramos dos momentos de alegria, daquilo que desfrutamos, das pessoas que conhecemos. Quanto melhor a viagem mais nos esforçamos para manter em nossa memória e compartilhar com os outros os momentos que experimentamos. Parece que ao fim tentamos segurar cada minuto final daquele período como alguém que tenta segurar água nas mãos. Mesmo que a viagem tenha sido cansativa o sentimento final é: "valeu a pena".

Para mim valeu muito a pena poder fazer esta viagem com você, e faço uso deste momento para fazer minhas reflexões sobre as viagens e conexões da vida utilizando os versículos que deram abertura a cada capítulo deste livro:

"Pois ele os está levando para uma terra boa, cheia de rios, e ribeirões e fontes que jorram água pelos vales e pelas montanhas." Deuteronômio 8.7 – Quando permitimos que Deus nos indique o caminho por onde deseja que andemos certamente o destino final será um lugar maravilhoso. As vezes ficamos frustrados e decepcionados pois o caminho parece ser estreito e cheio de dificuldades, algumas ou muitas conexões aparentemente não são boas, mas árduas e espinhosas, são lugares pelos quais não gostaríamos de passar. O salmista cita o vale da sombra da morte como um desses lugares, porém ele à frente declara sua confiança – DEUS ESTÁ COMIGO. Não importa a conexão que você faça, e quão difíceis sejam os caminhos pelos quais a vida lhe fizer passar, nunca perca a perspectiva de que Deus está te levando a uma terra boa, lá é o teu destino final.

"O ser humano é como um sopro; a sua vida é como a sombra que passa." Salmos 144.4 "faze com que saibamos como são poucos os dias da nossa vida para que tenhamos um coração sábio." Salmos 90.12 – Já que a vida passa tão rapidamente precisamos colocar nosso foco e energia naquilo que realmente é bom e produtivo. Peça a Deus que lhe dê sabedoria para fazer várias limonadas com os limões que a vida lhe ofertar. Se esforce para usar cada momento para glória Dele, tenha como alvo fazer conexões que possam ser abençoadoras e acrescentem valores eternos na vida de outros. Afinal a vida passa muito rápido e o livro de nossa vida vai sendo escrito página a página dia após dia. Não deixe páginas em branco!

"Naquela noite Paulo teve uma visão. Ele viu um homem da província da Macedônia, que estava de pé e lhe pedia: 'venha para Macedônia e nos ajude!' " Atos 16.9 – Na viagem da vida aprenda a ser sensível, aprenda a ouvir a voz do próximo que lhe pede ajuda. Olhar somente para as dificuldades que encontramos em nosso caminhar em geral nos conduz a auto piedade e egoísmo. Esses sentimentos inevitavelmente nos levam a olharmos para nós mesmos tornando-nos o centro das atenções de nosso próprio olhar, o que reduzirá nossa visão de mundo ampliando o tamanho de nossos problemas. Quando ouvimos o clamor do próximo e nos dispomos a fazer algo que nos custe em benefício de outros nossas energias são ampliadas, nossos problemas se tornam menores do que geralmente idealizamos e somos revitalizados com o sentimento de bem-estar por ter ofertado parte de nossa vida na vida de alguém.

"Não deixem de receber bem aqueles que vêm à casa de vocês; pois alguns que foram hospitaleiros receberam anjos, sem saber." Hebreus 13.2 – Não permita que a correria do dia a dia seja uma desculpa para não receber as pessoas. A hospitalidade começa não em nossa casa física feita de alvenaria e madeira, a hospitalidade começa no interesse em que demonstramos pelas pessoas. Você pode até ter uma casa extremamente luxuosa, mas se não se propor a de fato hospedar aquela pessoa em seu coração, jamais o receberá bem. Luxo não é sinônimo de atenção! Atenção requer investimento de tempo e energia!

"Cantem ao Senhor e o louvem. Anunciem todos os dias que ele nos salvou. Falem da sua glória às nações; contem a todos os povos as coisas maravilhosas que ele tem feito." Salmos 96.2,3 – Cantar, louvar, anunciar, falar e contar são cinco práticas que precisamos exercitar diariamente. Cantar - O que seria da vida sem a música? Quem canta renova seu espírito em Deus e traz alegria à própria alma. Coloque música em sua viagem. Louvar - Louvar é elogiar alguém. E como é bom elogiar. Só elogia quem enxerga o que de bom se tem feito para si ou para outras pessoas, geralmente quem não sabe elogiar ou louvar sabe muito bem criticar. Seja grato a Deus pelas oportunidades e conexões que Ele tem te dado, por seu cuidado e por sempre estar com você. Anunciar - Quem anuncia quer chamar a atenção. Os anúncios de rádio, tv, jornal, etc têm como função despertar o olhar de alguém para algo que é importante. Chame a atenção das pessoas mostrando-lhes Jesus, desperte as pessoas ao seu lado a descobrirem um relacionamento mais íntimo com Deus. Falar - A fala é um dos meios de comunicação mais usados pelo ser humano. O dia inteiro temos oportunidade de falar, mas sobre o que falamos? Que tal o desafio de falar ao menos uma vez por dia a alguém sobre a pessoa de Jesus? Contar - Contar a alguém é diferente de falar a alguém. Quando conto algo, vou contar sobre algo visto, ouvido ou experimentado. Quantas coisas maravilhosas Deus tem feito por você? A primeira delas é que você está vivo, isso já é algo maravilhoso. Alguém pode ser transformado através daquilo que você compartilhar.

"... Escrevo a vocês, jovens, porque são fortes. A mensagem de Deus vive em vocês, e vocês já venceram o maligno." I João 2.14b – Acredite em sua juventude, aproveite sua juventude, mas não se esqueça da Palavra de Deus. A Bíblia nos mostra inúmeros exemplos de jovens que foram agentes de transformação nas épocas em que viveram. A história (não bíblica) também nos aponta para muitos jovens que influenciaram nações e gerações. Qual a diferença entre esses jovens? A primeira é o conteúdo, a segunda é o resultado. Quanto mais você se alimentar da Palavra de Deus, mais Ele poderá contar com você para cumprir seus propósitos na terra, e provavelmente você estará preparado para fazer um número muito maior de viagens e conexões do que aqueles que não têm a Palavra Viva em seus corações. O conteúdo de um jovem cristão propõe valores do Reino de Deus e o resultado é que ele conduz outros jovens à vida eterna com Deus.

"Que a sua felicidade esteja no Senhor! Ele lhe dará o que o seu coração deseja." Salmos 37.4 – Na jornada da vida você terá que tomar decisões. Muitas promoções de viagens nos são oferecidas e somos tentados a escolher as mais baratas e atraentes, talvez serão inúmeras as oportunidades de conexões que surgirão em sua caminhada, porém tenha cuidado muitas podem ser perigosas e levam a caminhos de destruição. A boa notícia é que temos o melhor agente de viagem, o Espírito Santo de Deus que sempre nos indicará o melhor destino. Antes de comprar as passagens e definir destinos pergunte ao Espírito Santo se aquele é o melhor destino e se a hora é apropriada também, Ele te guiará por caminhos que ao final alegrarão teu coração.

"Fale a favor daqueles que não podem se defender. Proteja os direitos de todos os desamparados. Fale por eles e seja um juiz justo. Proteja os direitos dos pobres e dos necessitados." Provérbios 31.8,9 – Algumas conexões da vida não exigem de nós somente ouvir o próximo, mas falar por ele. Há todo tipo de injustiça na estrada da vida, algumas delas nos comovem profundamente e não podemos ficar inertes, parados, de braços cruzados sem fazer nada. Muitas vezes ficamos em cima do muro, mas não é nessa posição que devemos estar. Algumas situações nos permitirão lutar em favor de alguém, defender alguém de algum abuso ou injustiça. Não fique calado, mas se posicione em defesa do necessitado. Isto será livramento para quem é protegido e benção para você.

"E o Senhor deus lhe dará um sinal para provar que vai cumprir a sua promessa." Isaías 38.7 - Uma das situações irritantes no mundo contemporâneo é a queda de sinal. Em nosso país a queda de sinal do celular ainda é muito frequente e também é frequente ouvirmos a frase: "É sempre quando a gente mais precisa do sinal do celular que ele não funciona". Ficar sem sinal pode indicar que estamos fora da área de cobertura. Na viagem da vida Cristã a mesma verdade se aplica, se não há sinal significa que você está fora da cobertura do Senhor. Porém, quando viajamos sob a orientação de Deus nossa comunicação com Ele não será interrompida, e sempre Ele nos dará confirmações dos próximos passos que devemos tomar seja com relação a viagem em si, ou com relação às pessoas que iremos encontrar. Por isso, não seja tímido nem displicente, peça sinais claros para que você não se desvie da rota original e possa andar segundo a vontade de Deus. Experimente, funciona!

"De modo que não importa nem o que planta nem o que rega, mas sim Deus, que dá o crescimento. Pois não existe diferença entre a pessoa que

planta e a pessoa que rega. Deus dará a recompensa de acordo com o trabalho que cada um tiver feito. I coríntios 3. 7 a 9 – Somos somente servos e servos não são maiores do que o Senhor. Muitas vezes somos seduzidos pela arrogância de achar que somos mais do que realmente somos, ou queremos mostrar resultados daquilo que realizamos em nossos encontros para provar que podemos. Deus é quem dá o sentido da vida. NEle está o querer e o realizar. Você pode viajar o mundo inteiro, mas nunca perca a humildade de reconhecer que depende dEle. Cuidado com a expectativa exagerada por reconhecimento ou com a frustração de não ver resultados imediatos. A seu tempo Deus dará o crescimento às nossas sementes e provavelmente só na eternidade saberemos do resultado final de todos nossos encontros nesta terra.

"Eu, o Senhor, sempre os guiarei; até mesmo no deserto, eu lhes darei de comer e farei com que fiquem são e fortes. Vocês serão como um jardim bem regado, como uma fonte de onde não para de correr água." Isaías 58.11 - Mesmo nas conexões mais difíceis, aquelas que são comparáveis a um deserto, precisamos manter o foco, a certeza de que Deus está contando conosco para propósitos maiores e que Ele não irá nos deixar perdidos no meio do caminho. Se somos enviados a uma missão, certamente seremos supridos em todas as necessidades para abençoarmos vidas que estão carentes. Deus é aquele que nos capacita e nos usa para levarmos "Água Fresca" àqueles que estão necessitados. O grande do valor da viagem da vida é o compartilhar. Quando viajamos acompanhados compartilhamos cada momento daquela viagem com as pessoas com as quais estamos viajando, e também com aquelas com as quais nos encontraremos no meio do caminho. No entanto, quando retornamos de certa forma a viagem continua, é o momento de repartir as experiências vividas, contar como foi a viagem, onde fomos, o que conhecemos, enfim, as pessoas querem saber o que aconteceu. Compartilhar as viagens e conexões da vida não diz respeito somente a nós e as pessoas com as quais mantemos encontros, acima de tudo diz respeito a nossa relação com Deus. Ele quer compartilhar cada momento de nossa existência.

Espero que nossa viagem possa ter sido prazerosa, que você possa ter desfrutado de cada momento e que possa ter aprendido com as experiências compartilhadas por nossos amigos através de seus relatos.

Já com saudades desta viagem, fico pensando quais são as próximas conexões que me esperam, será que voltarei ao Senegal, será que um dia visitarei meu amigo Pierre em Camarões, enfim o que será que o Senhor tem reservado para mim? Meu sincero desejo é que eu possa ser sensível a voz do Espírito Santo e estar sempre pronto a embarcar nas viagens indicadas por Ele. Que venham muitos outros encontros..

E você, para onde vai?